自动驾驶与辅助驾驶系统

[英] 汤姆·登顿（Tom Denton） 著

吉林大学汽车仿真与控制国家重点实验室 组译

高振海 胡宏宇 高菲 张天瑶 译

机械工业出版社

CHINA MACHINE PRESS

自动驾驶汽车将改变世界。自动驾驶汽车已经在全球多个国家/地区接受了严格的测试。本书以易于理解且对所有读者开放的语言介绍了这些技术。它从多个角度涵盖了该主题，并特别展示了与所有现代车辆中已经使用的现有ADAS技术的链接。目前，媒体上对自动驾驶或无人驾驶汽车的炒作很多，虽然一些制造商希望从2020年开始提供自动驾驶汽车，但它们不会很快接管汽车，而且还需要一段时间才能普及。但是，为自动驾驶将要发生的巨大方向变化做好准备非常重要。本书是汤姆·登顿（Tom Denton）其他书籍的补充。

本书适合汽车工程师阅读参考，可供车辆工程专业师生阅读学习，也可供汽车相关专业职教学生学习使用。

Automated Driving and Driver Assistance Systems / by Tom Denton/ ISBN: 9780367265601

© 2020 by Routledge

图书在版编目（CIP）数据

自动驾驶与辅助驾驶系统 / （英）汤姆·登顿（Tom Denton）著；高振海等译 . —北京：机械工业出版社，2021.1（2023.1 重印）

书名原文：Automated Driving and Driver Assistance Systems

ISBN 978-7-111-67120-6

Ⅰ. ①自… Ⅱ. ①汤… ②高… Ⅲ. ①汽车驾驶—自动驾驶系统 Ⅳ. ① U463.8

中国版本图书馆 CIP 数据核字（2020）第 257677 号

机械工业出版社（北京市百万庄大街 22 号　邮政编码 100037）
策划编辑：孙　鹏　　　　　责任编辑：孙　鹏
责任校对：张　力　张　征　封面设计：马精明
责任印制：张　博
北京中科印刷有限公司印刷
2023 年 1 月第 1 版第 3 次印刷
184mm×260mm · 7 印张 · 166 千字
标准书号：ISBN 978-7-111-67120-6
定价：99.00 元

电话服务　　　　　　　网络服务
客服电话：010-88361066　机　工　官　网：www.cmpbook.com
　　　　　010-88379833　机　工　官　博：weibo.com/cmp1952
　　　　　010-68326294　金　书　网：www.golden-book.com
封底无防伪标均为盗版　机工教育服务网：www.cmpedu.com

前　言

在本书中读者会发现很多关于自动驾驶车辆的有用和有趣的信息。本书是这个系列的第六部：

- 汽车机电系统
- 汽车电气和电子系统
- 汽车高级故障诊断
- 电动和混合动力汽车
- 替代燃料汽车
- 自动驾驶与辅助驾驶系统

理想情况下，在阅读本书之前，读者应该已经学习过有关电气方面的知识，或者有一些经验。但如果没有，也不要担心，读者仍然会从中学到很多东西。因为这些新车辆还没有普遍使用，所以我着重介绍了它们的系统和相关问题。关于服务和修复的更多细节将在以后的版本中添加。

因为自动驾驶汽车是一种新事物，所以我也关注了一些与这一令人兴奋的变化相关的社会和人类问题。案例研究在时间背景下设置一些技术范围。

如有任何建议或意见，欢迎浏览我的网站：

www.automotive-technology.org

在这个网站上，读者还可以找到很多免费的在线资源来帮助学习。这些资源与本书配合使用，是自学或帮助他人学习的理想选择。

祝读者学习顺利，我希望读者和我一样对汽车技术感兴趣。

Tom Denton

目　录

前　言

第 1 章　引言

1.1 为什么选择自动驾驶 ·········· 1
1.2 什么是自动驾驶车辆（ADV）···· 4
1.3 定义 ······················ 6
   1.3.1 缩写 ·················· 6
   1.3.2 描述 ·················· 7
   1.3.3 SAE 水平的驾驶自动化 ··· 7
1.4 AV 什么时候才会变得普遍 ····· 9
1.5 宝马公司的观点 ············· 10
   1.5.1 特斯拉 ················ 11
   1.5.2 沃尔沃 ················ 11
   1.5.3 大众 ················· 11

第 2 章　安全

2.1 引言 ····················· 13
2.2 车辆及其乘员 ·············· 13
2.3 外部人员和财产 ············· 14
2.4 服务和维修 ················ 14
2.5 IMI TechSafe™ ············ 15

第 3 章　高级驾驶员辅助系统

3.1 引言 ····················· 17
3.2 示例系统 ·················· 18
3.3 自适应巡航控制 ············· 19
3.4 避障雷达 ·················· 21
3.5 基本倒车辅助 ·············· 22
3.6 雷达 ····················· 22
3.7 立体摄像头 ················ 23
3.8 后雷达 ··················· 24
3.9 功能安全和风险 ············· 25

第 4 章　自动驾驶技术

4.1 人怎样开车 ················ 27
   4.1.1 介绍 ················· 27
   4.1.2 机器如何驾驶 ··········· 28
4.2 通往自动驾驶的路 ··········· 30
   4.2.1 介绍 ················· 30
   4.2.2 路径规划 ·············· 31
   4.2.3 转弯 ················· 32
   4.2.4 穿越迎面而来的车流 ······ 32
   4.2.5 避障 ················· 32
   4.2.6 避撞 ················· 33
   4.2.7 交通标志识别 ··········· 33
   4.2.8 交通信号灯识别 ········· 34
   4.2.9 紧急车辆检测 ··········· 34
   4.2.10 其他情况 ············· 34
4.3 人怎样开车 ················ 35
   4.3.1 介绍 ················· 35
   4.3.2 摄像头 ················ 35
   4.3.3 雷达 ················· 36
   4.3.4 激光雷达 ·············· 36
   4.3.5 声音 ················· 37
   4.3.6 超声波 ················ 37
   4.3.7 结合感知 ·············· 37
4.4 激光雷达操作 ·············· 38
   4.4.1 介绍 ················· 38
   4.4.2 激光雷达传感器类型 ······ 39
   4.4.3 处理系统 ·············· 42
4.5 传感器定位 ················ 43
   4.5.1 介绍 ················· 43
   4.5.2 场景 ················· 43
   4.5.3 激光雷达 ·············· 46
   4.5.4 摄像头 ················ 49
   4.5.5 雷达 ················· 51

4.5.6 总结 ············ 52

4.6 自动驾驶系统 ············ 52

4.7 地图 ············ 54

4.8 其他技术 ············ 56

    4.8.1 队列 ············ 56

    4.8.2 地理围栏 ············ 57

    4.8.3 被动安全 ············ 58

    4.8.4 坑洼路面 ············ 58

4.9 网络连接 ············ 58

    4.9.1 5G 网络 ············ 58

    4.9.2 导航 NDS 数据标准 ············ 59

    4.9.3 车对车通信 ············ 61

    4.9.4 车辆到一切（V2X）通信 ············ 63

    4.9.5 摩托车与汽车的通信 ············ 65

4.10 人工智能（AI） ············ 68

    4.10.1 什么是 AI ············ 68

    4.10.2 AI 的历史 ············ 69

    4.10.3 自上而下和自下而上的人工智能 ··· 71

    4.10.4 深度学习 ············ 72

    4.10.5 端到端机器学习 ············ 72

    4.10.6 目标识别简化示例 ············ 73

第5章 社会与人的问题

5.1 谁应该在一场事故中死亡 ············ 75

    5.1.1 经典电车问题 ············ 75

    5.1.2 自动驾驶场景 ············ 76

5.2 公众对于 CAV 的反应 ············ 76

5.3 保险 ············ 77

5.4 移动即服务 ············ 77

5.5 全球概况 ············ 77

    5.5.1 英国 ············ 77

    5.5.2 欧盟 ············ 81

    5.5.3 美国 ············ 82

    5.5.4 日本和中国 ············ 82

第6章 实例探究

6.1 简介 ············ 83

6.2 英伟达 ············ 83

6.3 博世 ············ 86

6.4 谷歌（Waymo） ············ 88

6.5 特斯拉 Autopilot 系统 ············ 89

6.6 奥迪 ············ 92

6.7 捷豹路虎 ············ 97

6.8 丰田卫士 ············ 98

6.9 菲力尔 ············ 100

6.10 First Sensor AG ············ 102

第1章

引言

1.1 为什么选择自动驾驶

在这本书中，我将涵盖自动驾驶汽车（ADV）所有的关键特点，这对于技术人员来说是一个理想的水平，但也适用于一般消费者。在这一章提到的许多观点将在后面进行更详细的讨论。第一个重要的任务是理解为什么我们需要自动驾驶汽车（图1.1）！

图1.1　自动驾驶的打开或关闭

> **定义**
>
> ADV：Automated driving vehicle
> （自动驾驶汽车）

这个行业评论员的观点与我自己以及许多人的观点相似：

> 自动驾驶的经济和社会效益……意味着这是不可避免的。事实上，历史上可能没有任何一件事能提供利益……将大大降低每个人的交通成本。它将使儿童和残疾人有旅行的自由。我们很难找到任何一项技术的变化可以带来如此巨大的好处。
>
> （麦格拉斯，2018）

大多数业内人士认为：互联和自动化汽车（CAV）有潜力做到以下几点：

◆ 减少交通事故和伤害高达90%
◆ 提高汽车能源效率，减少碳排放
◆ 减少运输成本
◆ 提高交通便利程度
◆ 减少道路用地
◆ 减少停车需求

然而，正如奥迪实验室主管市场研究（还有许多其他职位）的安德烈亚斯·赫尔曼所说：

> "尽管对自动驾驶有很多委婉的说法，但是从自我驾驶到自动驾驶的转变对于消费者和汽车制造商来说仍然是一个巨大的挑战，驾驶的乐趣能否转变为被驾驶的乐趣呢？"
>
> （梅耶-赫尔曼，布伦纳和斯塔德勒，2018）

此外，密歇根大学的研究表明，尽管在主动安全系统中的投资巨大，驾驶员的死亡人数仍在增加。即使考虑到了车辆行驶里程的增加，驾驶员的死亡人数也在增加，这结束了一个长期的趋势。车道偏离是最近死亡人数增加的一个关键因素。图 1.2 显示了车辆碰撞的一些趋势。

从原则上来讲，自动驾驶汽车需要拥有与人类驾驶员相同的技能，甚至更好的技能：

◆（感知）它必须能够感知和解释周围的环境，为此，它使用传感器，就像我们人类用我们的感官。

◆汽车需要处理接收到的信息，并计划其驾驶策略。

◆（思考）。这个任务是通过车辆计算机采用软件和智能算法执行的，这一过程是在非常短的时间内完成的，在很多情况下，可以说比人类处理的速度更快。

◆它需要使用自己的动力系统、转向系统和制动系统来移动车轮，使计划的驾驶策略付诸实践（行动）。

图 1.3 是一个信息图表，用图片来解释这个过程。

总的来说，支持自动驾驶最有力的论据是减少事故。然而，还有许多其他的问题需要思考，我们将在这本书的后面部分研究这些问题。

> **重要事实**
> 支持自动驾驶的主要论据是减少事故

现在，让我们回到过去……我在 1993 年写了下面这篇文章，作为我的第一本教科书《汽车电子电气系统》的介绍。

我似乎很擅长预测汽车技术将如何发展：

想象一下完全由电子控制的交通工具会是什么样子。想象一下，有一辆车装有完整的诊断系统，可以精确定位任何故障和所需的维修。想象一下，一辆拥有人工智能的汽车为你做所有的操作决策，它还能知道你喜欢什么，你可能会去哪里。最后，想象一下，上述所有

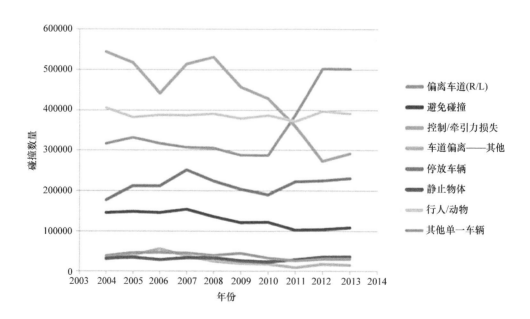

图 1.2　单一车辆碰撞（资料来源:《汽车碰撞趋势与主动安全》，密歇根大学，卡罗尔·弗兰纳根）

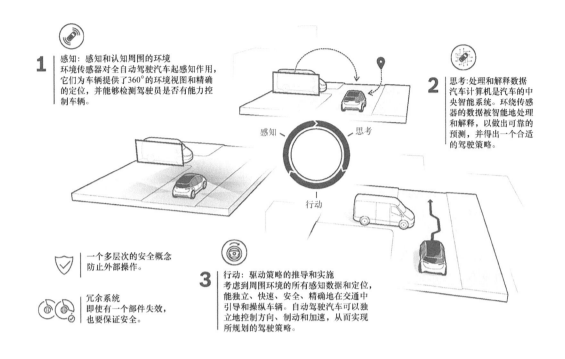

1 感知：感知和认知周围的环境
环境传感器对全自动驾驶汽车起感知作用，它们为车辆提供了360°的环境视图和精确的定位，并能够检测驾驶员是否有能力控制车辆。

2 思考：处理和解释数据
汽车计算机是汽车的中央智能系统。环绕传感器的数据被智能地处理和解释，以做出可靠的预测，并得出一个合适的驾驶策略。

感知 思考

行动

一个多层次的安全概念
防止外部操作。

冗余系统
即使有一个部件失效，也要保证安全。

3 行动：驱动策略的推导和实施
考虑到周围环境的所有感知数据和定位，能独立、快速、安全、精确地在交通中引导和操纵车辆。自动驾驶汽车可以独立地控制方向、制动和加速，从而实现所规划的驾驶策略。

图 1.3 感知—思考—行动（来源：Bosch Media）

的想法与一个自动导航系统相结合，该系统通过铺设在路面下的电缆工作。想象一下，如果真的出现了问题会是什么样子。然而，想象一个画面：2020 年 1 月 15 日星期一早上 8 点。你 9 点就该上班了，虽然离上班地点只有 15mile（第 14 车道的 M25 很快就该满员了），这段时间只是仅仅够用，但至少对进入引线车道是有帮助的。

当你从家门口穿过厚厚的积雪时，你会打一个寒战，这让你很高兴你为 XYZ 版的"汽车"付了额外的钱。正如你所预料的那样，汽车的窗户已经除霜，当你触摸指纹识别系统时，门慢慢打开，一股温暖的空气扑面而来。这仍然是有点困难地意识到，这辆车预料到了你今天早上会需要它，它加热了车内，为你的到来做好了准备。

一旦车门关闭，安全带升起，准备好让你迅速就位，风窗玻璃上就会出现一条信息。

"早上好，汤姆"，你会发现和往常一样

有点恼人，"所有的系统都是完全正常的，除了后面的防撞雷达"，（再一次），"我冒昧地使用了一套备用系统，并通过无线电调制解调器与车间的计算机进行了预约。"

你会不由自主地感到失去了一些控制，但这仍然是你不用担心的一件事。"我已经为你的行程订好了路线，我们现在就出发吧，是不是这样？"能够和你的车说话一开始很奇怪，但很快就会习惯这些东西。"是的"，你说，然后旅程开始了。

让人欣慰的是，轮胎压力和履带可以根据路面和天气情况自动调整。甚至悬架和转向系统都调得很好。现在的温度和往常一样，刚刚好，你甚至不需要碰一下控制器。这是因为温度和气候控制系统很快就发现，当你第一次坐在车里的时候，你更喜欢非常温暖的感觉，但随着旅程的进行，你喜欢把温度降下来。稍微调整一下湿度似乎是适宜的，所以你告诉汽车。"在未来我将确保我记得变化"，将出现在屏幕上。

半路上，汽车减速并转弯，这不是你通常上班的路线。汽车决定绕过你在音频通信上设置的障碍，因为它知道你想知道发生了什么。"很抱歉改变了路线，但是道路报告显示，由于积雪，这种方式会更快。""我们还是会准时上班的。"

剩下的旅程是平淡无奇的，像往常一样，你花时间在一些文件上，但忍不住想知道你是否能听到将柴油发动机替换为电力发动机后发动机的声音。这是非常困难的，因为现在的主动降噪效果非常好。

汽车到达你的工作地点，停在它通常的地方。换一种方式，你记得带上控制装置，这样汽车就不必再提醒你了。这真的很好，因为没有它，汽车将不能工作，当你下次需要它你可以用它来告诉汽车等。汽车也可以联系你，例如发现有未经许可进入的企图。

最后，轻轻一按外部控制面板，同时关闭门锁并设置报警系统。

当你在工作的时候，汽车会进行当天的第五次全面诊断检查，直到不会发现更多的故障。钠电池需要充电，所以汽车与地下变压器之间设置了磁感应连接，电池很快就充满了电。汽车在设置了准备回家的时间之后，就进入了待机模式，它已经知道有85%的可能性是通过当地的酒吧……这是预测还是科幻？

（登顿，1995）

我做对了很多事，但不是每件事！

其他评论员认为，"只有当道路上的大部分车辆都是完全自动驾驶的时候，无人驾驶汽车的一些好处才会显现出来。"这样做的好处之一是实施自动交通优先系统，该系统将简化通勤，并帮助紧急车辆更快地将生病的乘客送往医院。这样一个分级的交通优先系统将要求所有的汽车都是全自动的，因为人类驾驶员并

不总是有自律性或大局观来适当地遵循路线规划指示。

（利普森和库曼，2018）

我们将看到会发生什么（图1.4）；然而，与此同时，第1.2节将进一步定义什么是自主驾驶或自动驾驶，以及许多其他目前正在使用的词汇和短语。

图1.4　这款1960年的雪铁龙DS19在英国被用来做导线引导系统的实验

1.2　什么是自动驾驶车辆（ADV）

全自主汽车也被称为无人驾驶汽车、自动驾驶汽车和机器人汽车，是一种能够实现传统汽车主要运输功能的汽车。它能够感知周围的环境，并在没有人工输入的情况下进行导航。这种交通工具并不仅需要电力驱动，但几乎所有的都是（或将是）电力驱动。有不同程度的自主驾驶，这些将在后面讨论。

> **定义**
>
> 自主：拥有自主权；不隶属于外部的控制；独立的；作为独立单位发挥功能的子单元
>
> 自主驾驶汽车：在不需要人工控制或干预的情况下，以及在一系列驾驶条件下，由计算机导航和操纵
>
> （来源：www.dictionary.com）

对我来说，"自主驾驶"这个词意味着一辆车有太多的独立性。

因此，"自动化"一词在大多数这类车辆上使用效果更好（5级车辆可以说是自主驾驶，低于自动化；详见 1.3 节）。技术和相关的系统是相同的，但是它们如何被感知的结果可能是一个问题。

萨彻姆研究所[1]最近发布了一个关于"自主"汽车营销的警告。这是因为汽车制造商营销材料中的"自主"一词，正在诱使驾驶员产生一种错误的安全感。萨彻姆研究所与英国保险协会一起，已向汽车制造商和立法者发出紧急呼吁，要求更清楚地了解所售卖的拥有驾驶员辅助技术功能的汽车的性能。

他们认为，使用误导性的名称，比如"自动导航装置"和"自动泊车技术"正在增加风险。例如，这些系统被设计成可以在高速公路上使用，但也可以在其他任何地方使用。像这样的名称对驾驶员没有任何帮助，因为这使得他们推断汽车能做的比它实际能做的多得多。

英国保险协会普通保险政策部门的主管詹姆斯·道尔顿说：

考虑到人为失误在绝大多数交通事故中所起的作用，这些技术有可能极大地改善道路安全。然而，我们距离能够照管旅途中所有环节的全自主汽车还有很长一段路要走。

（道尔顿，2019）

图 1.5　摄像机图像的实时解释

ADV 利用雷达、激光雷达、GPS 和计算机视觉（图 1.5）等技术感知周围环境。先进的控制系统解读感知信息，以识别适当的导航路径，以及障碍物和相关标识。这些车辆能够根据传感器输入更新它们的地图，使它们能够在条件改变或进入未知环境时跟踪它们的位置（图1.6）。

图1.6 奥迪领航驾驶概念图
（来源：Audi Media）

> **重要事实**
>
> 激光雷达技术是一种利用激光照射目标并分析反射光来确定距离的传感技术。这个词是由"light"（光）和"radar"（雷达）组合而成的混合词。

下一节定义了一些有用的术语，并概述了汽车工程师协会（SAE）定义的自动化水平。

SAE定义的等级1~4的车辆显示出越来越高的自动化水平，只有在第5级，它们才能被描述为全自主驾驶。其他人可能会有不同的想法！

1.3 定义

1.3.1 缩写

学习一门新学科通常涉及新的语言，尤其是新的缩写。以下是一些有用的建议，供你不时参考：

- 5G——第五代移动无线标准。
- ADS——自动驾驶系统。
- ADS-DV——自动驾驶系统-专用车辆。
- ADV——自动驾驶车辆。
- AEB——自动紧急制动系统-检测前方

是否有车辆和行人，并在紧急情况下使车辆制动停车。

- 自动代客泊车——无须监控的全自动泊车和召唤功能，可在无人驾驶的情况下执行。
- BSD（盲点检测）——当系统检测到其他车辆位于驾驶员的盲点位置时，向驾驶员发出警告。
- 拼车——共用一辆车进行定期旅行，尤指上下班时共用一辆车。
- CAV——联网及自动驾驶车辆。
- 联网汽车——一种具有连接到汽车内的设备以及外部网络（如互联网）技术的汽车。
- DDT——动态驾驶任务。
- DDT回退——动态驾驶任务回退。
- 紧急驾驶员辅助——当车辆检测到驾驶员对驾驶情况的输入有延迟时，自动协助转向/制动/加速功能。
- 高速公路辅助——高速公路自动转向/制动/加速功能，驾驶员需要监控操作。
- 十字路口导航——高速公路上的自动车道合并和十字路口驾驶；不需要驾驶员监控的道路驾驶。
- LDW（车道偏离警告）——当车辆检测到从其行驶车道无意漂移时，向驾驶员发出警告（图1.7）。
- LKA（车道保持辅助系统）——当车辆检测到非故意偏离行驶车道时，将车辆调整到车道中间。
- MRC——最低风险条件。
- ODD——运行设计域。
- OEDR——对象和事件检测和响应。
- OEM——车辆原始设备制造商。
- 泊车辅助——自动转向协助车辆泊车功能；驾驶员需要启动自动停车模式。
- PDC（停车距离控制）——以超声波传感器为基础的功能，通过提供音频警告在驾驶员停车时进行协助。

◆ 叫车服务——呼叫汽车提供即时服务；
费用通常以时间和距离为基础。

◆ 拼车——乘客拼车，费用通常由用户
分摊。

◆ 半辅助代客泊车——自动泊车功能中
的转向/制动/加速功能；驾驶员需要
启动自动停车模式。

◆ 交通堵塞导航——自动低速、停车、
行走，驾驶员不需要监控操作。

◆ V2I（车辆到基础设施）——允许车辆
与停车场、交通信号等基础设施进行
通信的技术。

◆ V2P（车辆到行人）——允许车辆与行
人交流的技术。

◆ V2V（车辆到车辆）——允许车辆与其
他车辆交流的技术。

图 1.7　驾驶员监控摄像头
（来源：First Sensor AG）

◆ V2X（车辆到一切）——允许车辆与
交通系统周围的移动部分进行通信的
技术。

◆ 代客泊车辅助——自动停车，驾驶员
监控停车执行情况；驾驶员可能/可能
不需要启动自动停车模式。

1.3.2　描述

下面是一些关于自动驾驶（图1.8）的一般
描述。它们特别用于技术文件，如 SAE 文件。

◆ 操作设计域（ODD）：车辆设计用于操
作的场景和环境。

◆ 动态驾驶任务（DDT）：包括操作（转
向、制动、加速、监控车辆和道路）
和策略（响应事件，决定何时改变车
道、转弯、使用信号等）等驾驶任务，
但不包括战略上的（确定目的地和路
线）驾驶任务。

◆ 驾驶模式：这是一种具有典型动态驾
驶任务需求的驾驶场景（如高速公路
合并、高速巡航、低速交通拥堵、封
闭校园作业等）。

◆ 干预请求：这是自动驾驶系统向人类
驾驶员发出的通知，要求他/她迅速开
始或恢复动态驾驶任务的执行。

图 1.8　由机器人赛车开发的自动驾驶赛车

1.3.3　SAE 水平的驾驶自动化

于2014年1月首次发布，目前仍在更新
中的 SAE J3016 标准提供了自动驾驶的通用
分类和定义。这是为了简化通信并促进在技
术和策略领域内的协作。它定义了十几个关键
术语，并为每个级别提供了完整的描述和示例
（SAE 2018）。

> **定义**
> SAE：汽车工程师协会（www.sae.org）

SAE 标准概述了从无自动化到完全自动

化的 6 个驾驶自动化级别。主要的区别在于级别 2（人工驾驶员执行部分动态驾驶任务）和级别 3（自动驾驶系统执行整个动态驾驶任务）。

> **定义**
>
> 分类学：对事物或概念进行分类的实践和科学，包括这种分类所依据的原则

SAE 指出，这些级别是描述性的而不是规范性的，是技术性的而不是法律性的。这意味着没有特定的市场引入顺序。每个基本要素表示每个级别的最小系统功能，而不是最大系

统功能。一辆特定的车辆可能具有多种驾驶自动化特性，因此它可以根据所涉及的特性在不同的级别上进行操作。

系统是指驾驶员辅助系统、驾驶员辅助系统的组合或自动驾驶系统。排除的是警告和瞬时干预系统，它们不会持续地自动执行动态驾驶任务的任何部分，因此不会改变人类驾驶员在执行动态驾驶任务（DDT）中的角色。

道路机动车辆自动化系统

SAE 定义了 6 个级别的自动化，从 0 级的无自动化到 5 级的完全自动化（表 1.1）。

图 1.9 以较不专业的方式概述了这些级别。

表 1.1   自动化级别从 0 级到 5 级的定义

级别	名称	定义	动态驾驶任务（DDT）持续横向和纵向的车辆运动控制	动态驾驶任务（DDT）对象和事件的检测和响应（OEDR）	动态驾驶任务（DDT）回退	操作设计领域（ODD）
0	无自动驾驶	即使增强了主动安全系统，整个 DDT 也由驾驶员执行	驾驶员	驾驶员	驾驶员	不适用
1	驾驶员辅助	由驾驶自动化系统执行 DDT 的横向或纵向车辆运动控制子任务（但不是同时执行），并期望驾驶员执行 DDT 的其余部分	驾驶员和系统	驾驶员	驾驶员	受限
2	部分自动驾驶	由自动驾驶系统对 DDT 的横向和纵向车辆运动控制子任务进行持续和特殊执行，期望驾驶员完成 OEDR 子任务并监督自动驾驶系统	系统	驾驶员	驾驶员	受限
3	有条件的自动驾驶	持续和特殊的 ODD 由整个 DDT 的 ADS 执行，期望 DDT 备用用户能够接受 ADS 发出的干预请求，以及其他车辆系统中与 DDT 性能相关的系统故障，并做出适当的响应	系统	系统	回退准备（用户在回退期间成为驾驶员）	受限
4	高度自动驾驶	持续和特殊的 ODD 由整个 DDT 的 ADS 和 DDT 回退执行，不期望用户会响应请求进行干预	系统	系统	系统	受限
5	完全自动驾驶	持续和无条件的 ODD（即：不是特殊 ODD）由整个 DDT 的 ADS 和 DDT 回退执行，不期望用户会响应请求进行干预	系统	系统	系统	不受限

图 1.9　表明自动驾驶程度的简图
（资料来源：SAE 国际 J3016）

1.4　AV 什么时候才会变得普遍

在英国，《2018 年自动和电动汽车法案》于 2018 年 7 月 19 日成为法律。

《自动和电动汽车法案》旨在使英国消费者从交通技术的改进中受益。该法案规定了以下事项：

①为保险公司建立一项与自动车辆有关的新责任计划；②为电动车辆建立充电点和氢燃料补给点的安装和操作规定。该法案规定了监管框架，以使新的运输技术能够在英国被发明、设计、制造和使用[2]。

稍后将对此进行详细介绍。

英国交通运输部发布的一份名为《无人驾驶汽车之路》的报告认为，英国目前的立法并不是无人驾驶汽车使用的障碍，2015 年还制定了一份实践守则，其目的是促进事态的发展[3]。

在美国，有几个州（从 2012 年开始）通过了允许无人驾驶汽车的立法。这个数字还在继续增加。2018 年 5 月 17 日，欧盟委员会发布了第三轮行动计划，其中包括两项重大举措：

关于修改一般安全规则（GSR）以及行人安全规则（PSR）和联网及自动移动通信（CCAM）（非立法性质）的建议。此后，欧盟委员会提出了一份针对自动车辆认证规则的豁免草案，并启动了一份关于 CCAM 未来提案的路线图。与此同时，欧洲议会正在就欧盟委员会提案的非立法响应进行谈判。

一些汽车制造商已经表示，到 2020 年将开始提供 ADV，但驾驶级别尚未明确。2016年，英国参与无人驾驶汽车研发（R&D）的人士表示，无人驾驶汽车将在 2017 年上路。谷歌汽车已经运行了超过 200 万 mile（1mile ≈ 1.6km），特斯拉自动驾驶仪已经运行了 5000 万 mile 多（截至 2018 年，死亡 1人），还有一家名为奥托的公司（优步的一部分）利用一辆无人驾驶货车运送了 5000 瓶啤酒（因此，至少在后一种情况下，这项技术被证明是有用的）。在新加坡，人们正在使用无人驾驶的出租车。在英国和许多其他国家，学术界和工业界都在这方面取得了很大的进展。

然而，有 5 个主要的挑战会阻止 ADV 的发展；有趣的是，其中只有一个是完全与技术相关的：

◆ 训练：驾驶员逐渐习惯一些自动驾驶功能，如自适应巡航控制、车道引导等。他们需要进一步了解系统的局限性，比如当机器发出嘟嘟声时，他们需要接管。

◆ 事故：在发生碰撞的情况下，还不完全清楚责任方。软件必须做出决定，例如，优先保护汽车乘员，还是行人。

◆ 愚笨性：博弈论研究人员表示，一些人会学会在过马路时和汽车斗智斗勇，因为他们知道汽车将不得不停下来。甚至可能有更多的孩子在马路附近玩耍，因为这被认为是一个更安全的空间。动物不会这么做，但当一只鸟或松鼠跑过马路时，汽车可能会决定停下来。

◆ 与人交往：我们已经形成了社会规范，让人们离开路口，或在我们之前转向。点头、挥手、闪光等都是用来做这个的。这些汽车可以互相"交谈"，但在自动驾驶和非自动驾驶的混合车流中，这个问题仍有待解决。

◆ 天气：汽车还不能像在阳光灿烂的道路上行驶一样，在积雪的道路上行驶。路牌会变得模糊，光滑的路面需要非常不同的驾驶技术。制造商正在为此努力，但仍有一段路要走。

ADV 什么时候才会真正开始在我们的道路上普及呢？我的观点是，虽然普通汽车的自动化水平将继续提高，但在 2030 年左右，全自动汽车才会真正上路。仍然有很多问题需要解决，尤其是社会问题，因为它们没有一个技术上的答案。所有这些问题稍后将更详细地讨论。

> **重要事实**
> 完全自动化的汽车至少要到 2030 年才会开始普及。

1.5 宝马公司的观点

宝马（BMW）一位高管表示，在许多公共道路上，可能永远都不允许使用全自动驾驶汽车。宝马驻英国特别代表伊恩·罗伯逊在英国汽车制造商和贸易商协会峰会上表示，未来的汽车将是高度智能的，但可能永远不会真正实现在所有条件和所有道路上的自动驾驶。

宝马拥有一支由大约 40 辆自动驾驶汽车组成的车队，在公共道路上进行测试，每辆车每天都要完成 1000km 的旅程。然而，罗伯逊透露，工程师们仍然需要对许多行程进行干预。

他说：

"我相信，从长远来看，监管机构会介入，为我们所能走的路设定界限。它可能只许在高速公路上，因为这是最受控制的环境。或者，他们可能会把城市的部分区域封锁起来，让自动驾驶汽车进入控制区，这样对行人的造成的影响就得到了控制。"

罗伯逊博士还表示，他永远也无法想象宝马会制造出一辆没有方向盘的汽车，因为他相信，驾驶员总是希望有控制权。

1.5.1　特斯拉

特斯拉（Tesla）最近再次成为新闻焦点，此前该公司创始人埃隆·马斯克宣布，特斯拉的全自动驾驶功能将在今年年底前完成，并将在2020年底前允许驾驶员在座位上打盹。

这一雄心与其他大多数汽车制造商表现出的谨慎形成鲜明对比，他们中的大多数都在延长完全自动驾驶汽车的实施时间。特斯拉能实现最新的自动驾驶承诺吗？他们经常给我们惊喜！

1.5.2　沃尔沃

沃尔沃对过早推出自动驾驶汽车发出了警告。沃尔沃汽车公司首席执行官霍坎·萨穆埃尔松警告称，自动驾驶技术的过早推出，可能会有延误这类"汽车历史上最好的生命拯救者的风险"[4]。据英国《金融时报》记者彼得·坎贝尔报道，沃尔沃首席执行官表示，如果自动驾驶汽车不够安全，那么让它们上路行驶是不负责任的，因为这样做会损害公众和监管机构的信任。

1.5.3　大众

大众商用车负责人在接受路透社采访时警告称，在全球推广全自动驾驶汽车技术的成本和复杂性，将削弱这样做的商业理由。托马斯·赛德兰对路透社表示，他认为全球不会出现5级自动化，因为需要最新一代的移动基础设施、不断更新的高清晰数字地图和近乎完美的路标。他说，解决这个问题的复杂性就像载人去火星任务。

注释

1. 由英国汽车保险业资助的汽车研究中心

2. 来源：

https://services.parliament.uk/bills/2017-19/automatedandelectric vehicles.html

3. 来源：

www.gov.uk/government/publications/driverless-cars-in-the-uk-a-regulatory-review

4. 来源：2019年英国《金融时报》

https://www.ft.com/content/24d052b6-4cbb-11e9-8b7f-d49067e0f50d，于3月19日访问

第 2 章

安全

2.1 引言

与所有车辆相关的基本操作、意识和安全工作实践对任何以各种方式与车辆一起工作的人来说都是必不可少的知识。这包括代客泊车、销售、复杂的诊断和维修。所有自动驾驶汽车（ADV）也将是电动汽车（EV），如果人们没有接受培训，没有意识到这两个领域的危险，就会有严重的安全风险。

与 ADV 相关的安全问题是一个复杂的领域，必须由所有者、维修商和广大公众考虑。此外，随着 ADV 变得越来越普遍，保险公司和执法部门将受到这些变化的影响。

不要在任何您不理解或未受过培训的车辆上操作或工作！

从车辆的角度来看，它必须保证两个方面的安全：自身和乘客，以及外部人员和财产。这些车辆的服务和维修将是一个同样存在重大风险的领域——如果技术人员出了问题，对技术人员和其他人员都是如此。

2.2 车辆及其乘员

现代车辆中，所有我们期望的正常安全系统仍将用于 ADV。这些系统通常被描述为主动或被动。主动安全功能可帮助防止或降低碰撞的严重程度。被动安全功能可在碰撞过程中保护车辆乘员（图 2.1）。

图 2.1　ADV 将像普通车辆一样进行广泛的碰撞测试

主动安全系统仅在需要时工作（图 2.2）。例如，前方碰撞警告系统和车道偏离警告系统可以在检测到危险情况时激活警告系统。其他系统，如电子稳定控制系统（ESC）、防抱死制动系统（ABS）和紧急制动辅助系统（EBA），监测车辆车轮的转速、制动系统的工作情况和车辆的总体稳定性，以确定是否有失去控制的迹象。当检测到问题时，这些主动安全功能会自动工作以纠正这种情况。

被动安全系统有助于保护车辆乘员在碰撞过程中免受伤害（图 2.3）。它们的主要功能是保护车辆乘员免受各种碰撞力的影响。被动安全功能试图确保车辆乘员在碰撞期间保留在车辆内部空间。

例如，在碰撞力影响乘员之前，碰撞区会吸收一些碰撞力。安全带、安全气囊和头枕有助于保持车内人员静止。被动安全功能降低了严重伤害的风险。可以说，一些被动系统也是主动的，但关键的一点仍然是，它们不会做任何事情，直到碰撞发生！

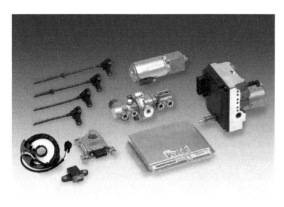

图 2.2　主动安全部件
（来源：Bosch Media）

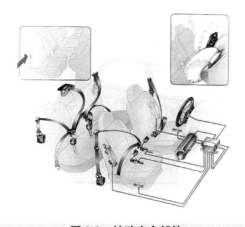

图 2.3　被动安全部件

2.3　外部人员和财产

车辆外部人员和财产（以及动物）的安全是 ADV 系统设计师非常感兴趣的领域。这是因为与人类驾驶车辆的主要区别在于，现在机器将需要做出与外部人员和财产安全相关的决策，以及与乘员和自身相关的决策。

这就引出了所有关于选择的众所周知的场景，例如，正面撞车而不是撞到一群孩子，或是为了降低撞车概率而撞倒动物。一个生命的价值是大于还是小于另一个生命？稍后将介绍有关这一困难但有趣领域的更多细节，以及制造商如何处理这一问题。

2.4　服务和维修

这是一个对技师有严重伤害风险的区域。但是，如果工作没有正确完成，也会给汽车、乘客和外部人员带来严重的风险，例如，不进行所需的软件更新。所有 ADV 在未来也将是电动汽车，所以有高压和非常强的磁场等额外的风险。

> 除非经过适当的培训，否则不要在高压系统上工作

与所有汽车系统相关的安全工作实践对于您和他人的安全都是至关重要的。在高压系统工作时，更重要的是要经过培训和合格（图 2.4）。使用电气系统时有一些特殊的风险，但有一些方法可以降低这些风险。这就是所谓的风险评估。

图 2.4　高压系统中使用的个人防护设备

电动汽车使用高压电池，这样能量可以在很短的时间内输送到驱动电机或返回到电池组。400V 的电压现在很常见，有些甚至高达 700V，所以很明显，在使用这些车辆时存在电气安全问题。预计在不久的将来，一些车辆的电压将进一步升高。

> 电动汽车电池和电机具有很高的电动势和磁动势，如果处理不当，可能会造成严重的人员伤害或死亡。

电动汽车电池和电机具有很高的电动势和磁动势，如果处理不当，可能会造成严重的人员伤害或死亡。务必注意制造商列出的所有警告和建议的安全措施。例如，任何有心脏起搏器的人都不应该在电动汽车上工作，因为磁效应可能是危险的。其他医疗设备，如静脉注射胰岛素或仪表也会受到影响。

ADV 上的其他系统非常复杂，如果维修不当，可能会使车辆处于不安全的状态。如果传感器或摄像头未正确校准，这可能会为车辆的自动驾驶系统提供错误的数据，并导致不安全的操作。这是现有的先进驾驶辅助系统情况下的影响，但驾驶自动化情况下影响将更加严重。

2.5 IMI TechSafe™

汽车工业协会（IMI）[1] TechSafe 是一项旨在指导雇主履行其在混合动力和电动、网联式和自动驾驶车辆方面的健康和安全责任的活动（图 2.5）。根据 1989 年《工作用电条例》，雇主有法律上的注意义务，以确保其雇员有能力使用混合动力和电动汽车的电气系统。TechSafe 活动所依据的电动汽车专业标准旨在确保雇主在法律范围内工作，并确保技术人员在一段时间内保持技能和能力。符合该计划要求的技术人员将在专业人员名册上显示，并能够使用 TechSafe 横幅显示他们在不同级别和不同科目的能力标志。

图 2.5　IMI TechSafe 图标

> **定义**
> TechSafe：只有这样才能保证安全并证明你的能力

TechSafe 活动信息基于 EV 专业标准：基于 EV 资格的技术人员培训和注册模式、IMI 认证或认可培训、专业行为准则和持续专业发展承诺（CPD）。

在 HSE（健康、安全与环境管理体系）的"工作用电：安全工作实践"（2013）[2] 文件中，第 10 页指出：

> 你必须确定那些工作的人有能力并有知识和电气系统的经验。任何没有这一点的人都需要更高水平的监督，或者需要接受足够的培训，以确保他们具备完成任务的正确技能、知识和风险意识。不要让未经授权、不合格或未经培训的人员操作电气系统。

IMI TechSafe™ 登记是雇主的理想方式，首先是防止危险或伤害，其次是在刑事诉讼中作为辩护。

注释

1.The Institute of the Motor Industry: www.theimi.org.uk

2.Source: www.hse.gov.uk/pubns/books/hsg85.htm

第 3 章

高级驾驶员辅助系统

3.1 引言

高级驾驶员辅助系统（ADAS）顾名思义，是为帮助驾驶员而设计的。该系统提高了安全性，因为大多数道路事故都是由人为失误造成的。自动化系统有助于最大限度地减少人为错误，这已被证明可以减少道路死亡人数。这些也是实现全自动驾驶的技术。

> **关键事实**
> 自动化系统有助于最大限度地减少人为错误。

作为一个有趣的例子来展示 ADAS 的好处：

2016 年 12 月，一辆特斯拉汽车突然启动碰撞警告，救了一名驾驶员，自动驾驶仪紧急制动。直到这次操纵动作之后，驾驶员前面的一辆车才翻了个身，落在迎面而来的特斯拉的路上。显然，传感器可以判断出威胁已经在特斯拉前面发现了两辆车，这就是为什么驾驶员没有看到它。换言之，由于雷达能够探测到驾驶员视野之外的情况，所以事故得以预防。

（Meyer-Hermann, Brenner, and Stadler 2018）

ADAS 依赖于几个来源的输入，如激光雷达、雷达、摄像机和车辆 CAN 数据（图 3.1）。安全功能旨在提醒驾驶员注意潜在问题，或通过实施安全措施避免碰撞。在某些情况下，这意味着控制车辆。

图 3.1　感知活动

图 3.2　自动泊车
（来源：Park4U）

ADAS 功能可以打开灯，提供自适应巡航控制和防撞，发出交通警告，提醒驾驶员注意其他车辆和危险，如果检测到车道偏离，则发出警告，甚至启动自动车道引导。

摄像头是用来在盲点上观察的。

许多现代车辆现在都有电子稳定控制、防抱死制动、车道偏离警告、自适应巡航控制和牵引力控制等系统。所有这些系统都会受到机械校准的影响。因此，正确的维修、调整和保养工作至关重要。

3.2 示例系统

下面列出了一些高级驾驶员辅助系统的示例：

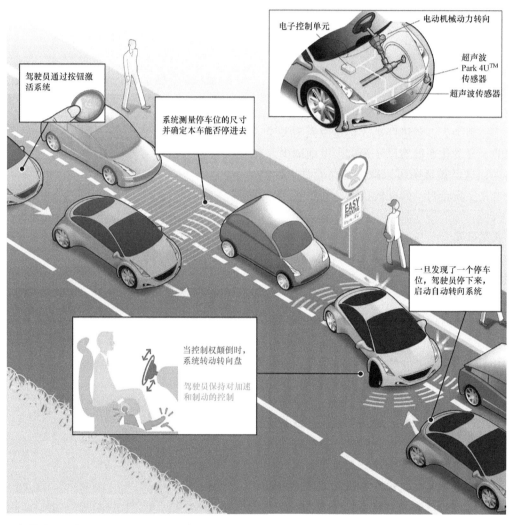

图 3.3　侧方停车
（来源：Park4U）

◆ 自适应巡航控制

◆ 自适应灯光控制

◆ 防抱死制动系统

◆ 自动泊车（图 3.2 和图 3.3）

◆ 盲点监测

◆ 碰撞避免

◆ 碰撞警告

◆ 驾驶员困倦监测

◆ 电动汽车警告声

◆ 紧急状况驾驶员辅助

◆ 防眩前照灯和像素照明

◆ 变道辅助

◆ 车道偏离警告

◆ 带交通信息的导航系统

◆ 夜视系统（图 3.4）

◆ 停车传感器

◆ 行人保护

◆ 雨量传感器

◆ 环视系统

◆ 交通信号识别

◆ 胎压监测

图 3.4 夜视摄像头
（来源：First Sensor AG）

3.3 自适应巡航控制

传统的巡航控制在许多欧洲道路上并不总是实用的。这是因为一般交通的速度是不断变化的，而且交通往往非常拥挤。驾驶员必须在许多情况下从标准的巡航控制系统接管，以加速或减速。自适应巡航控制（ACC）（图 3.5）可以根据当前的交通状况自动调整车速。该系统有三个主要特点：

图 3.5 自适应巡航控制

保持驾驶员设定的速度。调整此速度并与前面的车辆保持安全距离。如果有碰撞危险，则发出警告。

与标准巡航控制系统相比，主要的附加部件是车头时距传感器和转向角传感器；其中第一个显然是最重要的。有关转向角的信息用于进一步增强来自车头时距传感器的数据，允许在危险和虚假信号之间进行更大的区分。

目前使用的车头时距传感器有两种：雷达和激光雷达（图 3.6）。两者都包含发射机和接收机单元。雷达系统使用高达 80GHz 的微波信号，这些信号的反射时间给出了到前方物体的距离。激光雷达使用激光二极管产生红外光信号，红外光信号的反射被光电二极管探测到。

> **关键事实**
>
> 雷达系统使用高达 80GHz 的微波信号，这些信号的反射时间给出了到目标的距离。

这两种传感器各有优缺点。雷达系统不受雨雾影响，而激光雷达可以通过识别前方车辆后部的标准反射器，更具选择性。雷达可以从

桥梁、树木、柱子和其他正常路旁物品产生强烈的反射。它还可能由于多径反射而遭受信号返回损失。在理想的天气条件下，激光雷达系统（图 3.6）似乎是最好的，但当天气变化时，它变得非常不可靠。无论使用什么车头时距传感器，在垂直和水平方向上约 2.5° 的光束发散都是最合适的。一个重要的考虑因素是，来自装有该系统的其他车辆的信号不得产生错误的结果。图 3.7 显示了典型的车头时距传感器和控制电子设备。

图 3.6　激光雷达传感器

图 3.7　安装在车辆前部的车头时距传感器
（来源：Bosch Media）

基本上，自适应巡航系统的操作与传统系统相同，只是车头时距传感器（图3.8）的信号检测到障碍物时除外。在这种情况下，车速降低。如果仅通过松开加速踏板无法达到最佳停车距离，则会向驾驶员发出警告。后来的系统也控制了车辆的变速器和制动器。

3.4　避障雷达

这个系统有时被称为防撞雷达，可以从两个方面来看待。首先，作为倒车的辅助，它可以给驾驶员一些指示，告诉他车后面有多大的空间。第二，它可以作为一个视觉增强系统。

雷达作为倒车辅助装置的原理如图3.9所示。这项技术实际上是一种测距系统。输出可以是音频或视频，后者可能是最合适的，因为驱动程序可能会向后探测。声音信号是"pip-pip"类型的声音，其重复频率随着汽车接近障碍物而增加，并且随着碰撞即将发生而变得

图 3.8　前向传感

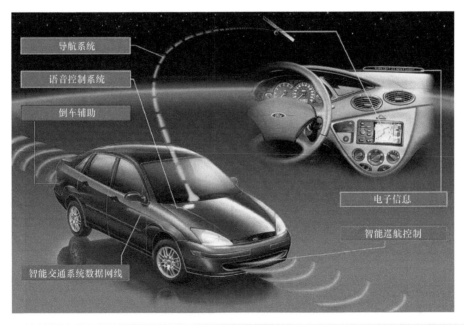

图 3.9　倒车辅助作为控制系统的一部分
（来源：Ford）

几乎连续。许多系统现在也会使噪声来自合适的扬声器来指示方向。

3.5 基本倒车辅助

倒车感应系统是一个使用安装在后保险杠上的传感器的倒车专用驻车辅助系统。驻车辅助系统具有前部和后部传感器（图 3.10 和图 3.11）。低成本、高性能的超声波测距传感器安装在车辆上。通常，四个传感器被用来形成一个与车辆一样宽的探测区域。微处理器监控传感器，并在慢速倒车停车时发出嘟嘟声，以帮助驾驶员倒车或停车。该技术相对简单，因为所需的识别水平低，系统只需在短距离内运行。

3.6 雷达

图 3.12 是演示雷达系统原理的框图。通常使用带宽为 4GHz 的 79GHz 频率，其分辨率为 0.1m。77GHz 系统仍然是常用的。

图 3.10　后方传感

图 3.11　奥迪超声波后传感器

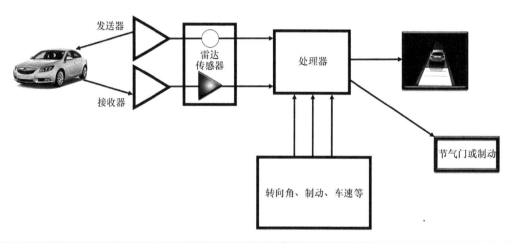

图 3.12　避障雷达框图动画

基本雷达系统的工作如下：无线电发射机产生无线电波脉冲，然后从天线辐射出去。目标（如另一辆车）将无线电能量的一小部分散射回接收天线。这个微弱的信号被放大并显示在屏幕上。要确定其位置，必须测量距离（范围）和方位。由于无线电波以光速（3×10^8m/s）传播，因此可以通过测量无线电波从发射机传播到障碍物，再返回接收机所需的时间来确定范围。例如，如果距离为 150m，则往返时间为：

$$t = \frac{2d}{C}$$

式中，t 是时间；d 是到目标的距离；C 是光速。在这个例子中 t 是 1μs。

$$t = \frac{2 \times 150}{3 \times 10^8} = 1\mu s$$

换言之，如果往返行程的测量时间为 1μs，则距离必须为 150m。相对关闭速度可根据当前车速计算。机动车上可能使用的显示器或输出类型将从声音警告到警告灯或一系列灯，或更可能是显示屏。

3.7　立体摄像头

紧急制动系统是汽车中最有效的辅助系统之一。据估计，如果所有车辆都配备了它们，大约 70% 的导致人身伤害的追尾碰撞都是可以避免的。博世公司开发了一种立体摄像头，使紧急制动系统能够仅根据摄像头数据工作。通常，这需要一个雷达传感器或雷达和视觉传感器的组合。

例如，路虎在其发现运动版中使用立体摄像机（图 3.13）和博世紧急制动系统作为标准配置。当摄像机识别出前方车道上的另一辆车为障碍物时，紧急制动系统准备采取行动。如果驾驶员没有反应，系统将启动最大制动。

其他驾驶员辅助功能也可以基于立体摄像头（图 3.14）。其中一个功能是路标识别，它使驾驶员了解当前的限速。另一个是车道偏离警告。这会振动方向盘，在驾驶员无意中偏离车道前发出警告。

图 3.13　路虎使用的摄像头系统（来源：Bosch Media）

图 3.14　ADAS 的立体视觉摄像头（来源：Bosch Media）

该摄像头配有光敏镜头和视频传感器，可覆盖 50° 水平视野，并可在超过 50m 的 3D 中进行测量。由于这些空间测量，视频信号本身提供了足够的数据来计算，例如，到前方车辆的距离（图 3.15）。

它的一对高灵敏度视频传感器配备了颜色识别和 CMOS（互补金属氧化物半导体）技术。它们的分辨率为 1280×960 像素，还可以处理高对比度图像。

图 3.15　摄像头识别出了在同一道路前方的其他车辆（来源：Bosch Media）.

3.8　后雷达

驾驶员在变换车道前，通过检查后视镜和侧后视镜，并从每个路肩上方观察，学会评估周围的交通状况。然而，车辆旁边和后面的区域是一个持续的危险源，常常是严重事故的原因。驾驶员不能用后视镜或侧后视镜看到这个区域，但它足够大，可以让车辆被粗略的一瞥忽略。

为了帮助将这种风险降到最低，换道辅助从中程雷达传感器接收其所需的信息，用于后端应用。这意味着驾驶员们一直在有效地观察他们的两侧，因为它能可靠而准确地识别出车辆盲点中的其他道路使用者。

典型的安装方式是在后保险杠上安装两个传感器，一个在左侧，一个在右侧。这两个后传感器监测汽车旁边和后面的区域。强大的控制软件对传感器信息进行整理，生成车辆后方区域所有交通的完整图片。每当另一辆车从后面以最快速度接近或已经出现在盲点时，侧后视镜中的警示灯等信号会提醒驾驶员注意危

险。如果驾驶员仍想改变车道而激活转向灯，则车道改变助手会发出附加的声音和 / 或触觉警告。

后雷达系统不仅可以帮助改变车道。这些传感器（图 3.16）也构成了交叉交通报警系统的一部分，当驾驶员的后视镜受到阻碍时，该系统支持驾驶员从垂直停车位倒车。该系统能够识别出倒车时 50m 内的车辆、骑自行车的人和行人，并通过发出声音或可见信号提醒驾驶员即将发生碰撞的危险。

图 3.16　传感器监控车辆后方区域的所有交通

博世中程雷达传感器（MRR）（图 3.17）是一种具有四个独立接收通道和数字波束形成（DBF）的双基地多模雷达。它的工作频段为 76~77GHz，这是全球几乎所有国家汽车雷达应用的标准频段。

图 3.17　博世中程雷达传感器（来源：Bosch Media）

一种称为 MMR 传感器的新发展具有高达150°的孔径角和90m的探测范围。前向型传感器看起来更为明显；孔径角高达正负45°时，它可以探测160 m范围的物体。

还有一个远程雷达（LRR）传感器，它是一个单基地多模式雷达，有六个固定的雷达天线。中央四个天线具有最佳性能，可在更高速度下记录车辆周围环境。它们以 ±6° 的开度形成聚焦光束模式，在相邻车道的交通干扰最小的情况下提供出色的远程检测。

近程雷达（SRR）的工作距离可达30m，中程雷达（MRR）的工作距离可达100m左右，远程雷达（LRR）的工作距离可达200m左右。在较长的距离内，波束角较窄。

定义

SRR：近程雷达

MRR：中程雷达

LRR：远程雷达

3.9　功能安全和风险

功能安全性取决于系统或设备在响应一系列输入时的正确操作。这包括管理可能的操作错误、硬件故障和不断变化的环境。它描述了系统或设备中对容错的总体要求。其目的是不存在不可接受的身体伤害风险，也不损害人们的健康。图 3.18 以图表的形式说明了这个概念。

功能安全是安全管理的一个具体方面，它涉及一个特定的系统或设备的正确运行。它关注由系统或设备故障引起的潜在危险。

定义

功能安全是安全管理的一个特定方面，它涉及一个特定的系统或设备的正确运行

关于汽车的安全性有两个主要考虑因素：

减少对驾驶员技能和意识的依赖；

功能安全。

驾驶员支持系统，如自动紧急制动、车道偏离警告和行人检测，有助于减少具有人为原因的事故数量。根据美国国家公路交通安全管理局（NHTSA）的数据，目前这一数字约为94%。

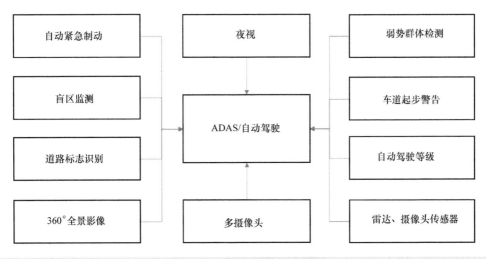

图 3.18　ADAS 功能安全图解

定义

国家公路交通安全管理局：国家公路交通安全管理局是美国政府行政部门的一个机构，隶属于交通部。

关键事实

贯穿设计过程的功能安全方法不是对设备或系统的实际功能的测试，而是它是否具有完整性。

完全自动驾驶作为一个完全集成的运输系统的一部分，对"边缘"处理的需求将增加一个数量级。一些业内人士建议，这项工作所需的额外处理能力可以在云端完成。这有两个问题：首先，需要一个永远在线的连接，即使5G至少在短期内也不会提供这种连接。其次，汽车必须能够完全离线操作。

在完全自主的汽车中，人工智能将有巨大的需求，以理解摄像头和其他传感器"看到"的东西。据估计，最多可以使用20台摄像机。

所有这些额外的电子功能，主要是为了减少驾驶员的错误，意味着在整个系统的设计过程中需要有一个功能安全的方法。这不是对设备或系统实际功能的测试，而是对其是否具有安全完整性的测试。

汽车电子行业正在经历一场根本性的变革。实际上，这款车正变得更像一个软件平台。通过千兆以太网连接的集中计算功能将允许一整套新的应用程序编程接口（API）。这些反过来又将支持新功能和服务的提供。

如果我们不能正确对待这些新系统的安全方面，就存在这样一种危险，即新的电子系统不但不能减少导致事故的人为错误，反而会导致它们的发生！

ADV系统的安全方面必须是正确的，否则会导致更多的事故，而不是更少。

第 4 章

自动驾驶技术

4.1 人怎样开车

4.1.1 介绍

可以说，人类驾驶员在驾驶车辆时要处理的情况有无数种。它们都涉及感知、理解和行动的过程（图 4.1）。看、想、行动是这一过程的另一个版本，在交通事故中，转弯约占 20%，掉头仅占 1%（McGrath, 2018），所以我们将更详细地研究这一策略或动作，以说明人类和机器所面临的挑战。

图 4.1　感知、理解、行动

> **关键事实**
>
> 在交通事故中，转弯约占 20%。

示例情况：以正常速度行驶，然后右转（英国、日本、澳大利亚等）或左转（欧洲、北美和南美等），从正常的双车道、双向道路转到另一条双车道、双向道路的直角转弯。图 4.2 展示了驾驶员采取行动的步骤：

我确信我在上面的顺序中漏掉了一些东西，但这正说明了它的复杂性，或许也说明了为什么学习驾驶是困难的。一旦你是一个熟练的驾驶员，清单上的许多点几乎是本能的。但对机器人来说不是这样；它必须计算每一步甚至更多，即使它可以随着时间的推移学习新的方法。

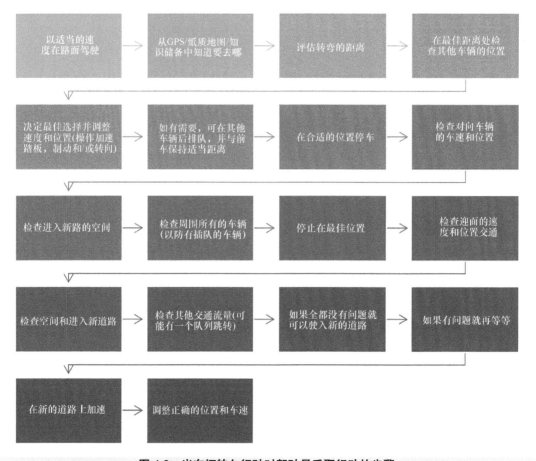

图4.2　当车辆转向行驶时驾驶员采取行动的步骤

4.1.2　机器如何驾驶

可以说，自主驾驶汽车（L5）遵循与人类相同的过程，甚至可以在必要时自己解决问题。自动驾驶车辆（L1-L4）遇到类似的事情，由于级别较低则需要人为干预它们无法理解的问题。

> **定义**
>
> **BASIC**：是初学者通用的符号指令代码，但现在是一种相当高级的计算机编程语言。

可以说，ADV的每一个动作都遵循一些简单的（基本的）计算机代码，可以是这样的（非常简单的！）情况下，它的工作速度保持恒定：

```
If road_ahead = clear And speed < current_set_value Then
accelerate = True
brake = False
driver_message = "Ok"
ElseIf road_ahead <> clear Or speed > current_set_value Then '<> means doesn't equal
accelerate = False
brake = True
driver_message = "Caution"
End If
```

这个动作会以极高的速度一遍又一遍地重复。实际上，这个过程要复杂得多，但原理是一样的（图4.3）。

解释传感器输入数据是处理器最需要的操作。要设置需要的处理速度，请考虑以下情况：以100km/h（约62mile/h）速度行驶的车辆大约以28m/s的速度行驶。这意味着在10ms内，汽车仍然可以移动28cm。计算过程和复杂性的其他细节如图4.4所示。当我们在下一节中研究路径规划时，对处理器的处理速度需求是很明显的。

> **关键事实**
>
> 一辆汽车以100km/h的速度行驶大约是28m/s，10ms内将移动28cm。

由于自动驾驶的复杂性，产生了大量的数据。当一架A380空中客车以自动飞行模式从伦敦飞往纽约时，它需要2.5MB的数据。而一辆L4级自动驾驶车辆仅处理日常任务就需要45TB的数据。

图4.3 处理过的前方道路视图

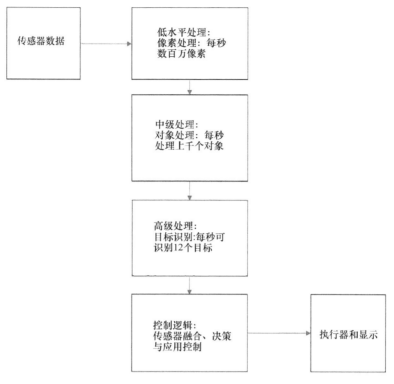

图 4.4　处理 ADAS 和 ADV 应用程序中增加的系统复杂性

4.2　通往自动驾驶的路

4.2.1　介绍

　　从对驾驶员的辅助、自动驾驶到最终的自主驾驶，要升到更高的水平，对于汽车来说是一条艰难的道路。实际上，道路（图 4.5）很难让汽车行驶。虽然还不够全面，但以下几节概述了自动驾驶汽车必须具备的基本功能。正如该领域的专家所指出的，这并不容易：

　　与空中交通相比，道路交通是一种更加混乱的系统，尽管它会不断自我重组。道路有基本规则，但是交通情况的多种多样性无法在其许多复杂细节中得到规范。

（Meyer-Hermann, Brenner,and Stadler 2018）

　　在达到 L5 级自动驾驶之前，驾驶员需要处于随时可以接管的状态，因此，例如，一定不要睡着！现在，让我们研究一下 ADV 在道路上实际控制车辆的必要条件。

> **关键事实**
> 　　在达到 L5 级自动驾驶之前，驾驶员需要处于随时能够接管的状态。

图 4.5　驾驶场景（来源：丰田）

4.2.2 路径规划

路径规划的简单目标是让车辆到达目的地。不同制造商使用的实际传感器和方法略有不同，但用于路径规划的算法将类似于以下描述。

车辆需要确定一个预估的远程路径，它是由不断变化的短程路径组成的。这些短程路径（左转、加速、换车道等）是车辆在当前运行条件下能够实现的。任何短距离的路线，包括太接近障碍物，在没有足够的时间完成操控的情况下进入迎面而来的车辆的路线，以及类似的路线，都将被拒绝。另一个例子是一辆以 90km/h（25m/s）的速度行驶的汽车，它在 25m 内不能急转弯，但它可以在不改变速度的情况下在路面上开一个较缓的弯道，如果前方有一段合适的距离没有障碍物的话。

> **关键事实**
>
> 任何危险的短程路径都被拒绝成为选项。

对剩余的可行路径进行评估，一旦确定了最佳路径，就将一组加速、制动和转向命令发送给适当的系统控制器和执行器。

> **关键事实**
>
> 远程路径是由不断变化的短程路径组成的。

这个"决策"所需的时间取决于系统的架构和处理器的速度，但大约是 50ms（1/20s）。整个过程重复许多次，直到汽车到达目的地。要在此处添加背景信息，这个时间内汽车以 90km/h（25m/s）的速度行驶约 1.25m，并且短程路径规划过程将重复进行 - 可以说比人类的反应速度快得多。

车辆可能需要执行一系列动作。其中一些如图 4.6 所示（在左侧行驶）。在每种情况下，绿色汽车是当前位置，红色汽车代表所选动作完成后的位置。蓝色汽车代表典型的交通危险。实际上，将会有更多的复杂性，例如行人、停放的汽车、道路工程等。

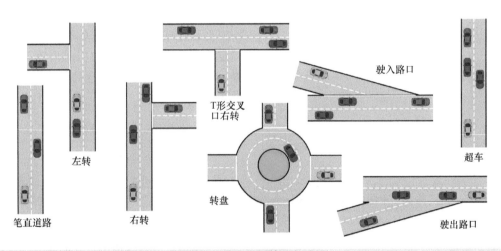

图 4.6 道路规划策略与演进

4.2.3 转弯

转弯显然是自动驾驶汽车的基本功能。在理想情况下，可以通过使用GPS数据（图4.7）来计划所有这些，但是目前这还不够准确。数据也需要完全更新。刚完成一段旅程，我的卫星导航（GPS）告诉我当时在野外，而我实际上在高速公路上以70mile/h的速度行驶，我可以确认这可能是一个问题！

为了精确定位，高清晰度（HD）映射是必要的。有了这个系统，车辆位置误差将在15cm以内。因此，转弯完全在车辆的能力范围内，假设它总是在寻找前面提到的可行路径。使用激光雷达的车辆不断更新自己的3D高清地图。

图4.7 GPS地图（来源Google地图）

> **关键事实**
> 为了精确定位，高清晰度（HD）映射是必要的。

最难转弯的弯道是切入迎面而来的交通，正如先前针对人类驾驶员所讨论的那样。

4.2.4 穿越迎面而来的车流

穿越迎面而来的车流是一个复杂的过程。当然，它是左转还是右转取决于道路的哪一边。对于本例，我们假设没有使用红绿灯。

估算迎面而来的交通速度对于此操作至关重要。但是，在非常繁忙的道路上，如果迎面驶来的车辆的速度和距离不允许短期路径进入可行列表，则汽车可能永远无法完成转弯 - 或至多只能等待15min，然后再进行适当的处理。

人类驾驶员可能会在一段时间后决定，他们将在一个比平时更小的间隙转弯，或者迎面驶来的驾驶员是否闪烁了灯[1]。他们甚至可以假设迎面而来的驾驶员会接受或了解情况，并在看到您的汽车驶过时放慢速度。

如果使用了交通信号灯，那么迎面而来的交通问题就不那么重要了，但是汽车将需要确定是否可以在转向灯改变之前完成转弯。在这种情况下，互联汽车在理想情况下将能够访问交通信号灯的时间。

4.2.5 避障

自动化或自动驾驶汽车（AV）需要识别特定范围内所有障碍物的当前位置和预测位置。作为短程路径计划过程的一部分，这是一个连续的过程。

> **关键事实**
> 自动化或自动驾驶汽车（AV）需要识别特定范围内所有障碍物的当前位置和预测位置。

使用预定形状和运动描述的库对障碍物进行分类。该库可以随着车辆的学习而更新。移动对象的先前位置、当前位置和预测位置存储在内部地图中。物体的形状和速度有助于车辆选择正确的类别。例如，以50mile/h的速度行驶的两轮车更可能是摩托车，而不是自行车。车辆现在可以规划避开障碍物的路径。

4.2.6　避撞

避免碰撞也可以减轻碰撞，换句话说，选择了最佳的碰撞方案！许多 ADAS 车辆已经具有避撞功能，但它们仅警告驾驶员并预充电或可能施加制动，但并不能缓解。

前置传感器，如摄像头、雷达或激光雷达被使用，通常构成主动巡航控制（ACC）系统的一部分。这是 SAE 自动驾驶 L1 级。

自动驾驶系统需要决定是否会发生碰撞，如果不可能采取纠正或规避行动，则必须选择碰撞的类型。这可以说是最具争议的自主技术领域之一：一辆汽车在高速碰撞中是会撞死车内乘客、撞倒行人还是撞上一个静止的物体，它是如何决定的呢？一些制造商的声明表明，该汽车将始终照顾乘员。有关更多信息，请参见第 5 章。

> **关键事实**
>
> 一些制造商的声明表明，在发生事故时，这款车总是对乘客有利。

图 4.8~图 4.10 展示了"感知 - 思考 - 行动"过程，该过程通过超车避开了前方汽车（此示例情况在右侧车道行驶区域）（图 4.11）。

> **定义**
>
> 感知 - 思考 - 行动：这是人类对刺激的反应，与 ADV 相同。

图 4.8　感知

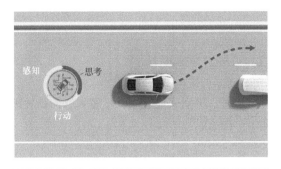

图 4.9　思考（理解）

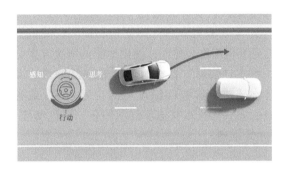

图 4.10　行动

图 4.11　即使是一条相对安静的道路也很复杂

4.2.7　交通标志识别

交通标志识别（TSR）于 2008 年 9 月首次用于宝马上。它识别出限速标志。现在使用的许多系统都可以识别"速度限制"，也可以识别"儿童""前进"和类似的标志。幸运的是，"维也纳道路标志和信号公约"（1968年）对标志进行了标准化。这意味着使用相机和合适的处理系统可以在许多不同的国家识别它们。

但是，由于交通事故或恶劣天气而损坏的标志可能会成为问题。

4.2.8 交通信号灯识别

交通信号灯识别（TLD）需要摄像头。它们需要识别单位和颜色（红色、琥珀色、绿色）。各种户外条件、障碍物和损坏会使识别灯光变得困难。然而，使用地图的解决方案会让汽车"知道"什么时候会遇到红绿灯，而且在未来，这些红绿灯可能会通过5G或类似的方式与汽车交流。红色停止，绿色继续，100%准确。

4.2.9 紧急车辆检测

首先可以通过声音然后通过摄像头检测紧急车辆，从而可以确定其接近路径。由于路面状况可能是一个问题，因此采取诸如撤离路边等行动是一项挑战。

最终，所有紧急车辆都将与"网络"通信，以便联网的车辆将知道它们何时接近并可以采取早期规避行动。

4.2.10 其他情况

无论全自动驾驶汽车（L5/第5级）进行了多少计划和准备，总会有特殊的情况发生。车辆将需要能够独自应对它们或在它们周围改道。

行人是我们开车时遇到的最不可预测的事物之一！即使是简单的情况，例如行人不在指定的过路处时等着过马路，也可能是一个挑战。例如，驾驶员可能会向行人挥手或闪灯示意他们要停车或减速。行人可能会在路边绊倒，看起来就像要过马路一样。他们甚至可以决定和自动驾驶汽车玩"小鸡"游戏，让它停下来！

环形路可能是一个特殊的挑战。现在有些环岛由较大的环岛组成。一旦当地驾驶员理解了这些，就有可能选择最佳路线，该路线似乎在大的环形路上走错了路线，但实际上遵循所有较小的环岛规则。一些环形交叉路口也很繁忙，以至于乍看之下无法驶入，也很难驶出。

诸如鹅卵石或砖块之类的路面可能是自动驾驶汽车的一个特殊问题。部分原因是表面是不可预测的，而且还因为在许多地方没有白线。

在英国的乡村，那里有很多狭窄的道路（图4.12），其中有双向行驶的车道，在很多情况下，对向的两辆车都必须缓慢驶过，以防外侧的车轮离开路面。几年前，一些来自美国大城市的朋友来拜访我，当我和他们在路上开车时，他们问我："如果一辆车从另一个方向开过来会怎么样？"我并没有考虑问题，只是假设我或迎面驶来的汽车避开，或者在某些极端情况下，我们中的一个人将不得不倒车返回。然而，他们的疑问说明了全自动驾驶汽车面临的挑战——尤其是当两辆车在这种狭窄的道路上相遇时。谁必须返回？是否会有一个等级制度，让新手获得优先权？

图4.12 狭窄道路（来源：史蒂芬·麦凯，CC）

4.3 人怎样开车

4.3.1 介绍

为了处理上一节中概述的所有情况，ADV 需要感知或认知其周围环境。感知是一个具有多种含义的单词，例如：

◆ 看、听或意识到某物的能力；

◆ 通过感官意识到某事；

◆ 理解、看待或解释某事物的方式。

这些定义通常与人类的感知有关，但机器可以以类似的方式感知周围的环境。本例中的机器是一辆自动（自动化、机器人）车辆。汽车通过许多传感器而不是感官来感知周围的环境；来自这些传感器的信息经过处理后，我们可以说它具有感知能力。图 4.13 显示了带有典型传感器范围的车辆。

ADV 使用的主要传感器有：

◆ 相机

◆ 雷达

◆ 激光雷达

◆ 超声波

◆ 全球定位系统（GPS）

◆ 传声器（声音）

这些类似于前面概述的 ADAS 传感器。除了这些传感器之外，V2X 和云信息还可以用于交通拥堵的信息传递，或者用于前面车辆与更前面车辆之间的距离信息传递。稍后再详细介绍。一些设计使用所有这些传感器，一些使用不同的传感器组合。

> **定义**
>
> V2X：车辆与一切（联网）

4.3.2 摄像头

摄像头对于物体探测是必不可少的。它们向车辆提供数据，这样车辆就可以使用人工智能来探测目标，比如其他车辆、行人和路标。摄像头可以精确地测量角度，例如，车辆可以确定正在接近的车辆是否可能转弯。

宽阔的视野适用于城镇中较窄的道路，300m 以上的视野和狭窄的视角是主要道路的理想选择。摄像头还能"看到"车道标记，因此车道保持辅助功能是可以实现的。特斯拉（Tesla）坚称，只有摄像头（图 4.14）才能做

图 4.13 奥迪 RS 7 上的车辆部件和系统，展示了无人驾驶的概念（来源：奥迪媒体）

到完全自主,但通常将它们与雷达和激光雷达等其他传感器结合使用。

图 4.14 高分辨率摄像头(来源:First Sensor AG)

4.3.3 雷达

雷达系统是一种有源技术。它们发射电磁波并接收到物体反射回来的回声。雷达传感器可以提供有关这些物体的距离和相对速度的信息。它们非常精确,非常适合主动巡航控制(ACC)、碰撞警告或紧急制动辅助(EBA)系统。

雷达传感器(图 4.15)使用无线电波,因此无论天气、光线或能见度条件如何,雷达传感器都可以工作。这使它们成为传感器组中的重要组成部分。例如,ZF 公司提供了各种各样的雷达传感器(图 4.16),它们具有不同的范围和打开角度(光束宽度)。由于其高分辨率,这种类型的传感器是高度自动化和自动驾驶的理想选择。

图 4.15 特斯拉上的雷达传感器(来源:博世媒体)

图 4.16 激光雷达扫描(来源:ZF 天合)

4.3.4 激光雷达

激光雷达传感器使用回波原理,像雷达一样工作,除了它们使用激光脉冲而不是无线电波。它们可以记录距离和相对速度,就像雷达一样。但是,物体和角度的识别精度更高。传感器也可以在黑暗中看到复杂的交通情况。它们的视角并不重要,因为它们记录了车辆的 360° 环境。

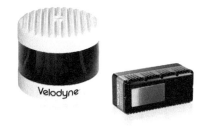

图 4.17 Alpha Puck 和 Velarray(来源:Velodyne 雷达)

> **关键事实**
> 激光雷达传感器利用回波原理,像雷达一样工作。

例如,ZF 等公司的高分辨率 3D 固态激光雷达传感器可以三维显示行人和较小的物体。这对于 L4 级别自动驾驶是必不可少的。这些传感器使用固态技术,由于缺少活动部件,因此非常坚固。

图 4.17 显示了 Velodyne 公司的两个传感器。第一个是 Alpha Puck™,一种激光雷达传感器,专门为自动驾驶和高速公路上的高速车辆安全性而制造;第二个是 Velarray™,这是一种功能

强大的激光雷达，可为驾驶员提供帮助。

Alpha Puck™ 的主要功能是：

◆ 具有 300m 探测距离的传感器，适用于自动驾驶车队

◆ 水平（360°）和垂直（40°）视角

◆ 分辨率（0.2°×0.1°）和点密度

◆ 经过验证的 1 类人眼安全 905 nm 技术

◆ 减轻传感器之间的干扰

◆ 动态智能发射与感知

◆ 底部连接器，可选择电缆长度

4.3.5 声音

尚未被许多制造商使用的传感器是一个简单的传声器。这主要用于识别紧急车辆警报器，但也可以识别其他声音。需要一个 AI 系统来滤除外部噪声并感应距离和方向。然后，车辆可以驶过道路或驶离道路。然而，由于表面结构可能不合适，因此离开的行驶路程可能非常复杂。

4.3.6 超声波

超声波测距传感器通常安装在车辆上，如图 4.18 所示。通常，许多智能传感器用于形成与车辆一样宽或与车辆一样长的检测区域。超声处理系统相对简单，因为所需的辨别水平很低，并且传感器仅需要短距离操作即可。

4.3.7 结合感知

摄像头（图 4.19）、超声波、声音、雷达和激光雷达传感器各有利弊。但是，如果将它们智能地组合在一起，则结果将是详细而可靠的 360° 视图。即使在复杂的情况下，这也可以防止盲点。将来自多个设备的信息组合在一起，可以提高准确性，并生成更完整的图像和更多细节。即使在恶劣的天气和照明条件下，ADV（自动驾驶车辆）也必须明确地理解所有交通情况。

> **关键事实**
>
> 摄像头、超声波、声音、雷达和激光雷达传感器各有利弊。但是，如果将它们智能地组合在一起，则结果将是详细而可靠的 360° 视图。

图 4.18 感知区域（来源：奥迪）

图 4.19 代替反光镜的盲点检测摄像头（来源：First Sensor AG）

下一节将更详细地介绍激光雷达传感器，然后在 4.6 节中有更多的细节，关于传感器信号的组合如何构成车辆系统架构的一部分。

4.4 激光雷达操作

4.4.1 介绍

光探测与测距（lidar）也被称为激光探测与测距（LADAR）、飞行时间（TOF）、激光扫描仪或激光雷达。我们将一直使用激光雷达（lidar）这个称呼！它和雷达一样，是一种探测物体及其距离的传感方法。发射光脉冲，测量反射回来的信号（图 4.20）。时间脉冲的宽度范围可以从几纳秒（ns）到几微秒（μs）[2]。

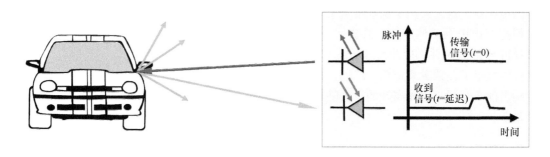

图 4.20 脉冲飞行时间（TOF）激光雷达系统

> **定义**
> 激光雷达：光探测和测距

发光二极管（图 4.21）以特定形式发射光线，然后根据探测器接收到的反射提取数据。返回的脉冲功率、往返时间、相移和脉宽是从信号中提取信息的常用方法。

利用激光雷达可以获得 0.1° 区域的空间分辨率。这是因为使用的红外（IR）光会像激光一样准直。它的波长也很短（0.9~1.5mm）。这意味着，在不进行过多处理的情况下，创建对象的超高分辨率 3D 图像是可能的。雷达有着较短（77GHz 时 4mm）的波长，所以很难解决小的特征，特别是在较远距离情况下。

图 4.21 发光二极管和放大器（来源：First Sensor AG）

> **关键事实**
> 激光雷达可以实现 0.1° 区域的空间分辨率。

固态激光雷达和雷达都具有良好的水平视场（FOV），即方位角。机械激光雷达系统由于其 360° 旋转，拥有所有先进驾驶辅助系统（ADAS）技术中最广的方位角。激光雷达具有比雷达更好的垂直 FOV，也就是所谓的仰角。

> **定义**
>
> 准直：使光线或粒子精确地平行

图 4.22　激光雷达光学传感器（来源：First Sensor AG）

随着激光雷达（图 4.22）变得越来越普遍，价格已经从数万美元大幅下降。一些专家预测，到 2022 年，激光雷达模块的成本将降至 200 美元以下。

几年前使用的机械扫描激光雷达系统——通常出现在谷歌的自动驾驶汽车（图 4.23）上——相当庞大。虽然已经取得了一些进展，缩小了尺寸，但是整个行业正在向固态激光雷达设备转变。

图 4.23　车顶装有机械激光雷达传感器的谷歌自动驾驶汽车

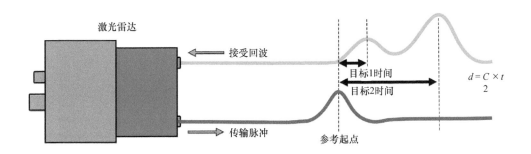

图 4.24　飞行时间（TOF）激光雷达

大多数激光雷达使用直接飞行时间测量。发射一个离散脉冲，测量发射脉冲和回波之间的时间差。这可以转换为距离，如图 4.24 所示。光学飞行时间测量是一种非常可靠的无接触距离测量方法。

4.4.2　激光雷达传感器类型

目前有三种主要类型的激光雷达：

- ◆ □ 快闪
- ◆ □ 微机电系统（MEMS）
- ◆ □ 光学相控阵（图 4.28）

快闪激光雷达（图 4.25）的操作类似于使用光学闪光的数码相机。一个单个的大面积激光脉冲照亮了之前的环境。一组光电探测器捕捉反射光。探测器能够确定图像的距离、位置和反射强度。由于该方法将整个场景作为单个图像处理，因此数据速率要快得多。此外，由于整个图像是在单一的闪光下捕捉，该方法对振动更免疫，可以防止扭曲图片。

这种方法的一个特别缺陷是其他车辆上会有反射器。它们将大部分的光反射回来，而不是将部分光散射回去，这样会使传感器过载。另一个缺陷是需要高激光功率将场景照亮到合适的距离。

最常见的是窄脉冲飞行时间（TOF）激光雷达方法。镜是用来引导光束的，它有两种类型的使用：

◆ 机械激光雷达，它使用高级光学器件

和一个移动（旋转）组件。创造了一个广阔视野（FOV），通常是360°。该机械系统具有良好的信噪比，但体积较大。

◆ 固态激光雷达没有移动部件。因此，它减少一个FOV，所以在车辆的前部、后部和侧面安装了多个传感器。结果是一个类似于机械系统的FOV。FOV有时被描述为激光雷达茧（图4.26）。

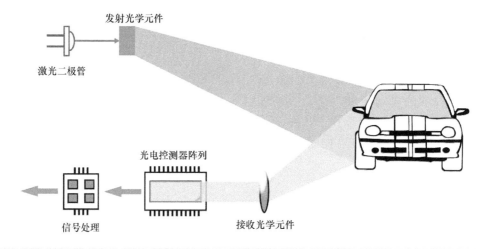

图4.25　快闪激光雷达

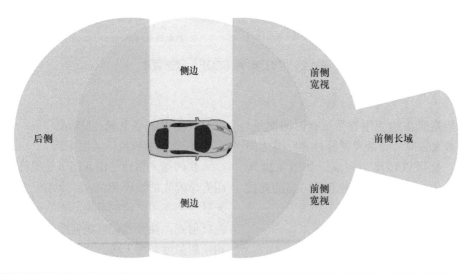

图4.26　使用不同的传感器的360°激光雷达茧

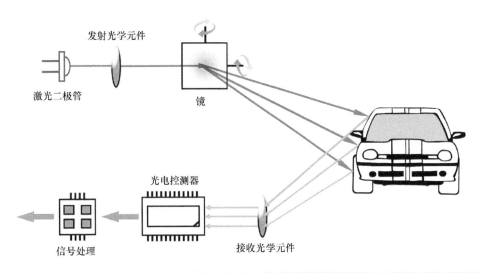

图 4.27　微机电系统（MEMS）激光雷达

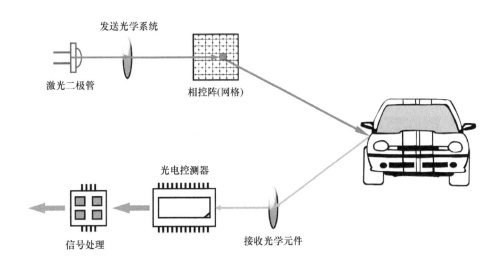

图 4.28　相控阵（PA）激光雷达

微机电系统（MEMS）激光雷达系统（图 4.27）使用非常小的镜。这些镜的角度可以通过施加电压来改变。机械扫描硬件被固态等价物代替。

要在三维空间中移动光束，需要在级联中布置几面镜。校准过程并不简单，会受到振动的影响。汽车规格从 -40℃ 开始，这对于 MEMS 设备来说是一个困难的环境。其开发正在进行中，它很可能成为许多制造商选择的传感器。

> **定义**
> MEMS：微机电系统

4.4.3 处理系统

图 4.29 为激光雷达系统框图。激光雷达信号链的主要子系统包括传输系统（Tx）、接收系统（Rx）和用于提取点云信息（图 4.30）的自定义数字处理系统（图 4.31）。

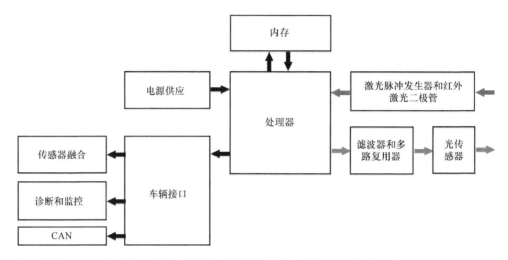

图 4.29　激光雷达子系统（来源：Texas Instruments）

图 4.30　点云示例（来源：Velodyne）

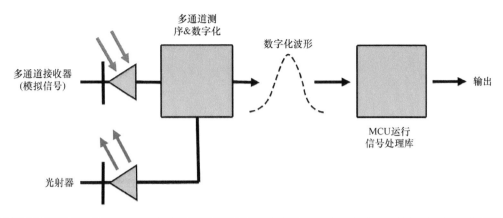

多通道测
序&数字化

数字化波形

多通道接收器
（模拟信号）

光射器

MCU运行
信号处理库

输出

图 4.31 激光雷达处理系统（来源：LeddarTech）。

点云是空间中的一组数据点。点云通常是由三维扫描仪产生的，比如激光雷达，它可以测量周围物体表面的大量点。

> **关键事实**
> 点云是空间中的一组数据点。

下一节将研究来自传感器的数据如何作为自动驾驶系统的一部分进行处理。

4.5 传感器定位

4.5.1 介绍

ADV 的传感器决定了它的操作设计域（ODD），换句话说，决定了它安全使用的不同环境。确定一个特定的 ODD 需要哪些传感器是非常困难的，因为有太多的常见情况和边缘情况需要考虑。所有传感器都有优点和缺点，所以任何选择都是在范围、精度、FOV、采样率、成本和一般系统复杂性之间的平衡。

> **定义**
> ODD：操作设计域

4.5.2 场景

确定 ODD 需要哪些传感器的最佳方法是捕获各种场景[3]。然后，这些数据被用作模拟的数据，以找出传感器集可能遗漏的情况。可以比较不同传感器布局的性能，并逐步提高最佳传感器布局的性能，这称为数据驱动方法。可以使用机器学习来确定最佳配置。场景可以手动设计，也可以在现场试验期间收集。现在将简要分析一些困难场景和边缘情况。

在车辆行驶的道路上，没有与地面相连的障碍物，例如打开的门、突出的货物、树枝、栅栏门或低矮的桥，都是难于检测的。它们可能会完全被低处安装的（图 4.32）或低分辨率的（图 4.33）激光雷达错过。它们的检测对摄像头来说非常困难，甚至对某些雷达来说也是一个挑战。

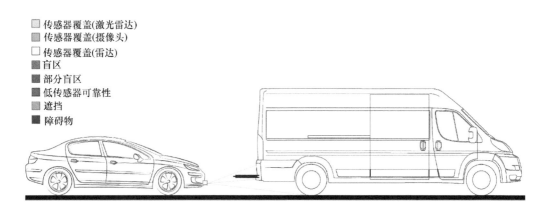

□ 传感器覆盖(激光雷达)
■ 传感器覆盖(摄像头)
□ 传感器覆盖(雷达)
■ 盲区
■ 部分盲区
■ 低传感器可靠性
■ 遮挡
■ 障碍物

图 4.32　如果有着较小垂直 FOV 的激光雷达传感器安装得太低，障碍物就不会被检测到

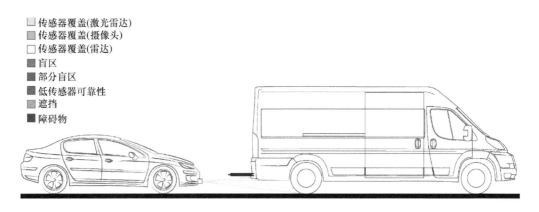

□ 传感器覆盖(激光雷达)
■ 传感器覆盖(摄像头)
□ 传感器覆盖(雷达)
■ 盲区
■ 部分盲区
■ 低传感器可靠性
■ 遮挡
■ 障碍物

图 4.33　如果激光雷达传感器的垂直分辨率太低，障碍物就不会被检测到

□ 传感器覆盖(激光雷达)
■ 传感器覆盖(摄像头)
□ 传感器覆盖(雷达)
■ 盲区
■ 部分盲区
■ 低传感器可靠性
■ 遮挡
■ 障碍物

图 4.34　安装在车顶上的激光雷达可能会漏掉车旁的骑车人

　　当向左或向右转弯时，必须格外小心，因为有的交通状况可能未被纳入。大型车辆很容易被探测到，但是比如骑自行车的人，使用车顶中心传感器时则很难被发现（图 4.34）。

　　为减低车辆在交通阻塞的路口发生碰撞的风险，我们必须尽早观察交叉行车道的情况。车顶传感器可能会错过这些（图 4.35），所以安装在车前的传感器是一个更明智的选择（图 4.36）。

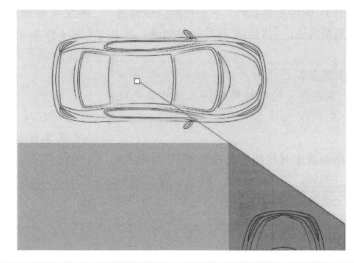

图 4.35　安装在中央的传感器无法看到被阻挡的交叉车道的车辆

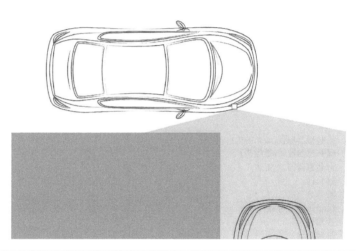

图 4.36　前方侧面朝向传感器可以看到交叉车道

图 4.37　传感器遗漏一个低障碍

靠近汽车的低障碍物（图 4.37 和图 4.38），如路边石或停车场的障碍物，很难被装有较小垂直 FOV 的传感器看到。它们可能会被错过，或者更糟的是，它们会阻塞后面的交通。

面没有得到补偿，坡道可以被归类为障碍物（图 4.39）。特别困难的情况是十字路口的车道是上升或下降。

> **关键事实**
> 靠近汽车的低矮障碍物很难被有着较小垂直 FOV 的传感器发现。

> **定义**
> FOV：视场是在任何给定时刻可见的可观察世界的范围。在光学仪器或传感器的情况下，它是一个立体角，通过它，探测器对电磁辐射是敏感的。

路面坡度对传感器的垂直 FOV 有很大的影响。例如，当接近坡道、隧道或停车场时，其他交通的覆盖范围是有限的。此外，如果路

传感器覆盖(激光雷达)
传感器覆盖(摄像头)
传感器覆盖(雷达)
盲区
部分盲区
低传感器可靠性
遮挡
障碍物

图 4.38 低矮的障碍物挡住了后面的车辆

传感器覆盖(激光雷达)
传感器覆盖(摄像头)
传感器覆盖(雷达)
盲区
部分盲区
低传感器可靠性
遮挡
障碍物

图 4.39 车辆前的坡道可以被理解为障碍物，车辆被传感器遗漏

4.5.3 激光雷达

介绍

激光雷达传感器的定位决定了它的 FOV。这种传感器有四种主要的使用方式。每一种都

将被简要地研究。

车顶中心的单个激光雷达（图 4.40）

在早期的 ADV 中，这似乎是一种选择方法，但除非改变汽车的形状，否则它不是很有效，因为它有盲点。

传感器可以移动到更高的地方，以减少车顶造成的盲点。传感器也可以从中心移动到前面。这改善了前侧感知能力，但降低了后侧感知能力。

此方法设置简单，并且使同步和对齐多个点云相对容易。它通过单一传感器提供了360°的覆盖面，并提供了一个较好的对其他交通情况的概览。

然而，它在所有方向，对较低物体有盲点，特别是如果安装在前面时后方的盲区。因此，这种类型的传感器必须抬高到车顶以上，以获得完整的垂直FOV。这看起来不怎么有吸引力，有机械方面的挑战，同时不方便使用高度较低的停车场！

车顶的多台激光雷达（图4.41）

使用多个车顶传感器可以弥补单个中心安装传感器方法的一些缺点。

以这种方式安装的传感器可以倾斜以减少盲点。它们可以安装在车顶的边缘。消除了车顶的遮挡，如果传感器可以倾斜，它们可以达到车顶安装系统的最佳覆盖范围。然而，与单个传感器相比，集成和点云融合更加复杂。

前方的激光雷达（图4.42）

大多数制造商现在使用前置安装的激光雷达作为他们的传感器包的一部分。

具有较大的垂直FOV的激光雷达能够正确探测更陡的斜坡。如果安装得高一些，比如在车顶前面的风窗玻璃上方，那么它就可以俯瞰交通状况和低矮的障碍物。这种方法可以（相对）简单地设置和集成到车辆。平行于路面的激光雷达光束可以探测障碍物并测量到障碍物的距离。在斜坡上，传感器会感知到地面作为上行道路的障碍，而在下行道路则没有反馈。除非与其他传感器结合使用，否则不适合在城市使用。

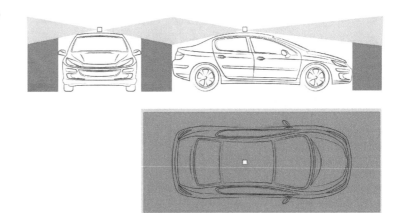

□ 传递器覆盖(激光雷达)
■ 传感器覆盖(摄像头)
□ 传感器覆盖(雷达)
■ 盲区
■ 部分盲区
■ 低速传感器可靠性
▨ 遮挡
■ 障碍物

图4.40　车顶中央激光雷达

图 4.41　多个车顶激光雷达

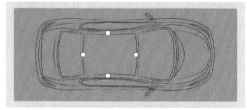

图 4.42　前向激光雷达

侧视雷达（图 4.43）

这些激光雷达对探测行人或骑自行车的人等对象很有帮助。

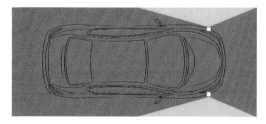

图 4.43　侧视激光雷达

如果在水平和垂直方向都采用更高的FOV，就可以很好地覆盖车辆的侧面。例如，集成在后视镜上，它可以看到低障碍。车辆可以检测十字路口的交叉交通（见上面的场景），这是一个有用的功能，但具有低垂直FOV的传感器将与车辆侧面斜度产生问题。

4.5.4 摄像头

介绍

摄像头（图4.44）（激光雷达、雷达和超声波传感器都是有源的）是无源传感器。就像我们的眼睛一样，它们收集环境反射的光。光线不足（黑暗）、雨、雾、弱太阳光、水雾、雪、灰尘、昆虫等都会影响摄像头的操作。然而，它们可以提供高分辨率。

图4.44 采用CMOS技术的高分辨率摄像头（来源：First Sensor AG）

> **定义**
> CMOS：互补金属氧化物半导体是一种用于构建集成电路的技术。它也可以用于模拟电路，如图像传感器。

摄像头图像需要强大的处理器来解释它们的所见。深度学习经常被使用，并将在第4.10节中介绍。来自距离测量传感器（如雷达和激光雷达）的数据可用于避撞，可以减少处理过程。然而，摄像头数据提供了最佳的车辆环境表示。

> **关键事实**
> 摄像头图像需要强大的处理器来解释它们的所见。

广角镜头可以使用，这些有一个大的FOV。然而，这些图像会造成失真，必须在完全处理之前加以修正。此外，靠近图像边缘的区域可能会变得模糊，在图像识别任务中不太可靠。

车顶安装（图4.45）

一些量产车配备了一套广角摄像头，提供近距离鸟瞰环境，使停车更方便。

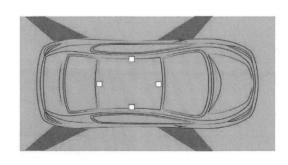

传递器覆盖(激光雷达)
传感器覆盖(摄像头)
传感器覆盖(雷达)
盲区
部分盲区
低速传感器可靠性
遮挡
障碍物

图4.45 车顶摄像头

几个 180° 摄像头安装在车辆上，提供 360° 水平覆盖（图 4.46）。

**图 4.46　四个摄像头连接到一个控制单元
（来源：First Sensor AG）**

对于 ADAS 来说，摄像头安装在车身周围，而对于自动驾驶来说，摄像头更有可能安装在车顶。这些摄像头可以倾斜以覆盖近距离的环境。也可以选择安装在车辆的边角或车顶边缘中心。

这种方法的主要优点是 360° 覆盖和自顶向下视图以支持泊车。但 180° 摄像头镜头容易变形；每度的分辨率降低，可以限制检测范围。与车顶边沿中心的摄像头相比，车顶角落的摄像头具有更大的低传感器可靠性区域。

前方安装（图 4.47）

前置摄像头是目前汽车生产中用于环境识别的主要传感器。ADAS 系统，如主动巡航控制和自动倾斜车头灯也可以使用来自前摄像头的信息。

前置摄像头相对便宜，但像所有的摄像头一样，它们受到环境条件的限制。前摄像头通常安装在后视镜和风窗玻璃之间；它们通常是镜像组件的一部分。屏幕保护摄像头，并通过垫圈和刮水器进行清洁。前摄像头也可以安装在汽车内部仪表板和风窗玻璃之间、保险杠外部或前车顶边缘的中心位置。通常使用立体声摄像机，因为它们可以提供距离估计。

> **关键事实**
>
> 　前摄像头通常安装在后视镜和挡风玻璃之间。

在夜间，前摄像头有利于汽车的前灯控制。一系列的 ADAS 功能，如车道偏离警告，车道变换辅助和照明调节得以方便地实现。如果它们在风窗玻璃后面，这是最常见的选择，它们可以免受雨水和灰尘侵扰。由于发动机舱盖的存在，它们的垂直 FOV 受到了限制，汽车前面的小物体可能会被挡住。就像所有的传感器一样，它们需要与其他传感器相结合，以实现城市自动驾驶。

□ 传递器覆盖(激光雷达)
▨ 传感器覆盖(摄像头)
□ 传感器覆盖(雷达)
■ 盲区
■ 部分盲区
■ 低速传感器可靠性
▧ 遮挡
■ 障碍物

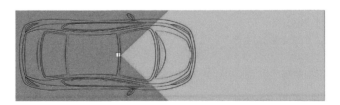

图 4.47　前置摄像头传感器覆盖

交通信号灯

前置摄像头和环绕视图摄像头系统有一个有限的垂直 FOV，所以通常无法探测到如交通灯的物体。

安装在前车顶边缘中心的广角摄像头（图 4.48），如因环境需要向上倾斜，可实现对红绿灯的检测。

4.5.5 雷达

介绍

雷达在汽车工业中已经是一种成熟的技术。多年来，它一直被用于实现 ADAS 功能，如自适应巡航控制（ACC）和自动紧急制动（AEB）。它们精确地测量距离和速度。它们特别擅长探测像车辆这样的金属物体，但也能探测近距离的像行人这样的非金属物体。

> **定义**
>
> AEB：自动紧急制动

短程和中程雷达

使用短程和中程雷达（图 4.49）有可能实现 360° 覆盖。

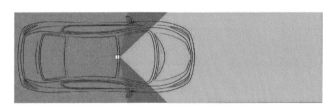

图 4.48 车顶边缘摄像头可用于交通信号灯检测

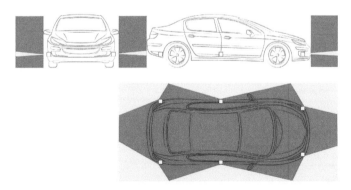

图 4.49 雷达覆盖采用短程和中程

四到六个近程雷达（SRR 大约有 30m 探测距离）和中程雷达（MRR 大约有 100m 探测距离）可以实现 360° 水平覆盖。特别是，在许多典型的城市 ODD 中，这是非常好的。在非平坦地形条件下，狭窄的垂直 FOV 会带来困难。

> **关键事实**
> 近程雷达（SRR）大约有30m探测距离，中程雷达（MRR）大约有100m探测距离。

4.5.6 总结

现在已经很清楚，没有一种完美的传感器配置适合所有的情况和预算。有多种配置可以工作，但是当然都有优点和缺点。可以说，这是所有技术发展的情况：没有完美的解决方案，只有每次更好的解决方案。

4.6 自动驾驶系统

像所有复杂的系统一样，将自动驾驶系统看作一个框图是有帮助的。一个单独的框可以用来表示整个车辆，但使用标准的输入、控制、输出方法更有用（图 4.50）。

图 4.51 中的检测框表示车辆使用的传感器的组合范围。这些会是前几节中讨论的部分或全部内容的组合，并有着一定的位置范围。

图 4.50　ADV 的标准框图：输入 - 控制 - 输出

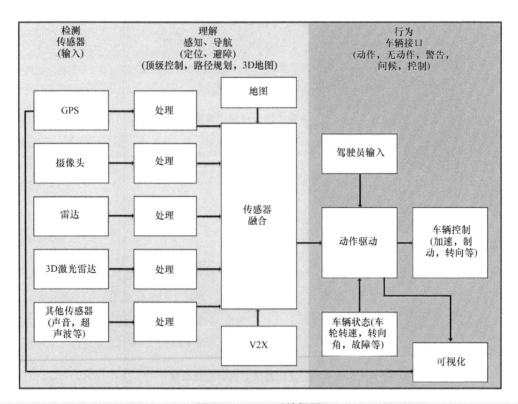

图 4.51　ADV 系统框图

理解框是进行重要处理的地方。需要大量的数字处理，因为除了对安全的明显需求外，传感器收集的数据量也是巨大的。正如前面提到的，一辆无人驾驶汽车在大街上行驶 1mile 所产生的数据比一架从伦敦飞到纽约的飞机（自动飞行）所产生的数据还要多！

最终行为框包括车辆控制的所有方面，例如车速、制动、转向等。它还包括驱动程序显示和 / 或警告设备。基于相同的框图原理，现在可以更详细地查看这三个主要框中的每一个。如图 4.52 所示。

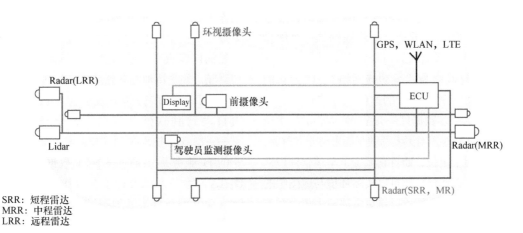

SRR：短程雷达
MRR：中程雷达
LRR：远程雷达

图 4.52　汽车上使用的一系列传感器可提高准确性并消除盲区

图 4.52 中的检测框是一系列传感器，在本例中为：

◆ GPS 接收器提供导航定位和罗盘的航行方向
◆ 使用摄像头来观察周围环境（立体相机感知深度）
◆ 即使在光线不好或天气恶劣的情况下，也可以用雷达对远距离环境进行成像
◆ 激光雷达可以建立周围环境的三维图像
◆ 其他适用于特定设计的传感器。

来自这些传感器的信息被单独处理，然后在理解框中组合或融合。地图来自于存储的数据，如同在一个普通的导航系统那样，只是定期更新的需求很重要。V2X 是车对外界信息交换的简称。可以从云端下载更新，也可以处理其他联网车辆的信息。

关键事实

　　GPS 地图来自存储的数据，如同一个普通的导航系统一样，只是对于 ADV 通常需要更高层的定义。

图右侧的行为框是用来最终控制或驱动车辆的。该动作驱动将来自传感器融合的信息与驾驶员输入和实时车辆状态（如速度或转向角）相结合。然后输出到视觉显示器和实际车辆控制执行机构，关键输出为：

◆ 加速器（在 ICE 车上这是一个节气门驱动器；更有可能是给电动汽车 ECU 的信号）
◆ 制动器（ABS 泵和控制阀）
◆ 转向（EPAS 电动机）

驱动程序输入的级别将取决于自动化的级别。

4.7 地图

汽车面临的关键问题不止在于看到了什么，而且在于事先知道它所经过的地区。因此，高分辨率 3D 地图（图 4.53）是这些车辆导航和安全的基本要素。精确到 1cm 是必备的。

一辆无人驾驶车辆在大街上行驶，每天可以收集超过 1 万亿 Byte 的数据，相当于大约 1400 张存满的 CD。通过互联网发送这么多数据是不实际的，因此通常是将数据从一个硬盘驱动器物理地移动到另一个硬盘驱动器上。这种方法有时被称为"运动鞋网络"，因为它的传送速度和工程师跑步的速度一样快！

存储这么多数据只是工程师们面临的技术难题之一。这些地图对无人驾驶车辆来说非常重要，不仅可以用于定位，而且它减少了车辆软件识别环境所需的工作量。通过将实际环境与地图中的环境进行比较，它们可以将更多注意力集中在不同的事物上，比如识别行人、动物或自行车。

创建高分辨率地图可以通过多种方式完成。在此，我们将研究一些领先公司采取的两种不同方法：

◆ 群策群力
◆ 卫星

TomTom[4] 和 Qualcomm[5] 最近宣布了一个群策群力的高分辨率地图数据的项目。由于高通技术公司（Qualcomm Technologies）提供了一种用于汽车传感器的新芯片，TomTom 的自主车辆高清地图将受益于更丰富的数据集。

高通技术公司的驱动数据是一个用于汽车传感器分析的平台，它收集和分析来自不同汽车传感器的数据，能够支持智能汽车确定其位置、监控和学习驾驶模式、感知其周围环境，并与世界其他地区可靠而准确地分享这种感知。TomTom 的高清地图，包括 RoadDNA，帮助自动驾驶车辆精确定位自己在道路上的位置，并进行运动规划。TomTom 的高清地图可以使用高通地图片段用于维护。

传统的地图开发需要对配备专业传感器的专用车辆进行部署，以收集位置、原始图像、激光雷达和其他数据，然后在数据中心进行传输、存储和处理。现在汽车越来越多地联合起来，并配备了一系列传感器，新的、免费的方法成为可能。

TomTom 使用的高通驱动器数据平台，并采用 Qualcomm®Snapdragon™ 820Am 汽车处理器。TomTom 和高通技术公司致力于为高清地图制作的混合源添加一种改进的、可扩展的、成本效益高的群策群力方式。这一新概念旨在让大量的网联汽车能够看到和了解其环境、交通和路况，并支持地图和路况更新的实时输入。

丰田研究院高级开发公司（TRIAD），丰田自动驾驶软件开发公司，全球技术革新家——Maxar 技术公司（Maxar），以及世界领先的 IT 服务提供商——NTT 数据集团（NTT DATA）等一大批公司正在合作为无人驾驶车辆自动驾驶高分辨率地图进行概念验证。他们正在使用高分辨率卫星图像进行这项工作。这是朝着推进 TRI-AD 的开放软件平台概念（称为自动映射平台（AMP））迈出的重要一步，这将有助于无人驾驶车辆的可伸缩性。

根据 TRI-AD 分析，HD 地图目前覆盖的全球道路网络不到 1%[6]。在无人驾驶车辆成为主流之前，还需要扩大城市地区和地方道路的覆盖范围。根据精确的卫星图像创建的高清地图允许驾驶软件比较多个数据源，并向汽车发送信号，以确保安全。

在这一概念的证明中，这三家公司将合作将卫星图像处理成便于车辆使用的高清地图。利用 Maxar 基于云的地理空间大数据平台（GBDX），Maxar 光学卫星图像库中的图像将被输入到 NTT 数据集团的专业算法中。这种人工智能方法将提取生成详细道路网所需的信息。

TRI-AD 将使高清地图可以从云端传送到丰田的测试车上。该项目首先为东京的一个预拆除区域创建了一个高清地图（图 4.54 和图 4.55）。这就为全世界所有道路上的自动化移动提供了可能。

图 4.53 增强三维地图（来源：TomTom）

图 4.54 东京区域卫星图像实例（来源：丰田公司）

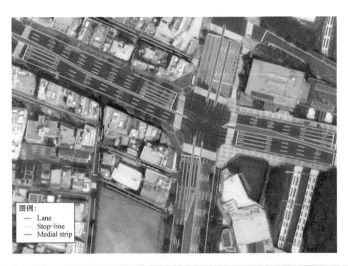

图 4.55 自动驾驶高清晰度地图示例（来源：丰田公司）

电子和航空航天工程的最新进展正在推动天基资产的全球图像的更高分辨率和更频繁的更新。此外，机器学习有助于自动发现和集成图像数据中道路元素之间的语义关系。

4.8 其他技术

4.8.1 队列

欧盟启动了一个名为 SARTRE 的项目，旨在开发和测试能够在高速公路上的长途列车上

驾驶的车辆的技术。这项技术有可能改善交通流量和行驶时间，为驾驶员提供更大的舒适度，减少事故，提高油耗，从而降低二氧化碳排放。

> **定义**
> SARTRE：安全的公路列车

这种技术被称为"队列技术"，是走向完全自动驾驶的诸多步骤之一。图 4.56 说明了为什么自动化车辆能以更紧密的队列行驶。

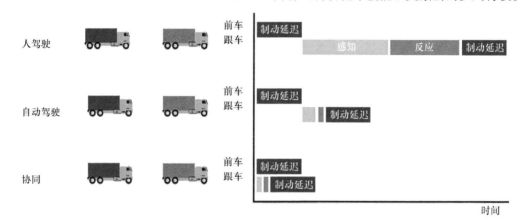

图 4.56　车对车通信允许紧密的队列行驶

> **定义**
> V2V：车对车

汽车工业长期以来一直致力于发展主动安全系统，例如预防性操作、牵引控制和制动辅助计划。队列技术意味着车辆能够控制加速、

制动和转向，并且可以用作类似控制车辆的公路列车的一部分。

车辆配备有导航系统和与引导车辆通信的发射器/接收器单元。由于系统内置在汽车中，所以不需要道路网络进行任何基础设施的改变（图 4.57）。

图 4.57　一辆汽车跟随前方的车辆（来源：沃尔沃媒体）

这个想法是，每个公路列车或列车排将有一个领头车辆，驱动正常，且所有的各种功能完全可控。这辆领头车辆由一位熟悉路线的有经验的驾驶员驾驶。例如，领头车辆可为出租车、公共汽车或货车。每个这样的队列或公路列车将由6~8辆车辆组成。

当驾驶员接近他们的目的地时，他们会接管车辆的控制，并离开车队驶入道路另一侧。公路列车中的其他车辆将补充驶离车辆的空隙，继续前进，直到车队分开。

这些公路列车的优点是车队中的所有其他驾驶员都有时间在上、下班路上进行其他业务。与个人驾驶的汽车相比，公路列车增加了安全性并减少了对环境的影响。这样做的原因是，公路列车中的车辆彼此十分接近，因此将产生较低的空气阻力。将预计产生20%的节能效果。道路通行能力也将能够被更有效地利用。

当参与车辆相遇时，每个车辆的导航系统被用来加入车队，然后车辆由自动驾驶程序接管。当公路列车接近其最终目的地时，不同的参与者可以各自脱离车队，并继续像往常一样驾驶到各自的目的地。图4.58概括了加入和离开队列的过程。

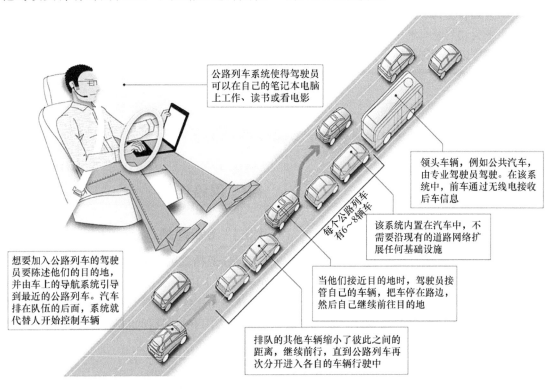

公路列车系统使得驾驶员可以在自己的笔记本电脑上工作、读书或看电影

领头车辆，例如公共汽车，由专业驾驶员驾驶。在该系统中，前车通过无线电接收后车信息

该系统内置在汽车中，不需要沿现有的道路网络扩展任何基础设施

想要加入公路列车的驾驶员要陈述他们的目的地，并由车上的导航系统引导到最近的公路列车。汽车排在队伍的后面，系统就代替人开始控制车辆

当他们接近目的地时，驾驶员接管自己的车辆，把车停在路边，然后自己继续前往目的地

每个公路列车有6~8辆车

排队的其他车辆缩小了彼此之间的距离，继续前行，直到公路列车再次分开进入各自的车辆行驶中

图4.58　公路列车的方法（来源：沃尔沃媒体）

进行的测试（2011）包括领头车辆和跟随车辆。跟随车辆的转向盘由车辆自主进行控制，平稳地跟随领头车辆。驾驶员不需要操作车辆，可以自由喝咖啡或读报纸。

队列技术的目的在于实现诸多优点：

◆ 道路安全，因为它最小化了导致至少80%的事故的人为因素

◆ 燃料消耗和CO_2排放降低了20%

◆ 为驾驶员节省时间，方便其他活动

◆ 将减少交通拥堵，因为车辆行驶在公路上只有几米的车距

4.8.2　地理围栏

不久的将来，一种可能的发展是，无人驾

驶车辆将被地理定位，使得它们只在特定区域实现指定的自动化驾驶等级。这可能存在于一些高速公路上，但不会在市中心。

地理围栏是指，当车辆进入或离开指定区域时，应用程序或其他软件程序使用 GPS 触发预编程动作的系统。例如，系统可以禁用或启用一些自动驾驶功能。

4.8.3　被动安全

被动安全系统是在发生事故或潜在事故时才激活的系统。一个典型的被动安全例子是安全气囊。对于正常车辆而言，装配安全气囊是好的，因为其布局和结构是固定的。然而，在一些高水平自动驾驶车辆中，转向盘很可能会缩回，座椅可以被允许旋转，这样乘客就可以彼此面对面地坐。

> **关键事实**
> 被动安全系统是在发生事故或潜在事故时才激活的系统。

这种新的布局将需要不同的乘客保护方法。例如，安全气囊不会位于转向盘内部，而是安装在车辆的前部或车内。安全带需要有不同的固定装置。

未来的安全气囊将需要更紧凑和更轻，因为汽车中的电子部件将占据更多的空间。它们甚至可能需要充气和放气，换言之，安全气囊可以重复使用。

汽车安全系统制造商已经开始着手设计新的解决方案来满足这种变化的市场需求。

4.8.4　坑洼路面

在无人驾驶车辆上使用的传感器技术将忽略一个重要的问题——路面（图 4.59）。一个人类驾驶者可以看到路面上足够的细节，如一个深坑或一块未知的碎片，并选择安全的方式采取规避动作。也许这部分遗漏是因为在很多无人驾驶车辆的探索是在路况良好的路面环境中进行的。

可以安装一个能够观察路面的传感器，但是这会增加额外的费用和一个全新水平的处理需求。一个有趣的解决方案是由福特工程师开发的。加速度传感器被安装在悬架上，可以在几毫秒内检测到车轮在坑洼处的下坠。然后改变阻尼率，使车轮不会完全落入坑洼中，因此撞击坑洼处的远边缘具有较小的力和较浅的角度。这降低了车辆损坏的风险。

图 4.59　路面

4.9　网络连接

4.9.1　5G 网络

5G 遵循之前的移动网络世代 2G、3G 和 4G（表 4.1）。对于当前的网络（主要是 4G 和 3G 技术），5G 被设计得更快、更可靠。它还具有更大的容量和较低的响应时间[7]。

> **定义**
> 5G：第 5 代移动数据网络

5G 的主要优点是速度，可以超过 1Gbit/s（1000Mbit/s），并且可以达到这个数字的十倍。我们在现实世界中经历的速度取决于很多因素，比如我们离基站有多远，同时还有多少人在使用网络。然而，普通用户的数据下载体验速率预计为 100Mbit/s 的最小值（这比现有系统快得多）。

图 4.60　4G 和 5G 技术对比（来源：https://policyforum.att.com）

5G 带来潜在的甚至更大的好处在于低延迟（图 4.60）。4G 等网络标准有很长的延迟出现在发出命令和正在接收的响应之间。3G 大约需要 65ms，先进的 4G 需要 40ms。固定的"陆地线路"宽带连接在英国的传输时间为 10~20ms。4G 的目标是 4ms，但对于关键任务的应用（如无人驾驶车辆），这可能导致 1m 的移动距离。

5G 也将获得更多的频谱和更高的频率，特别是毫米波，这是在 30GHz 和 300GHz 之间的频带。这意味着网络将能够同时处理许多高需求的应用。

表 4.1　网络世代对比

网络	最大下载速度	下载一个高清电影
3G	384Kbit/s	超过 1 天
4G	100Mbit/s	超过 7min
4G+	300Mbit/s	2~5min
5G	1~10Gbit/s（理论）	4~40s

得益于网络的速度提升和短延迟，汽车制造商将能够下载更多的数据，并使用蜂窝网络的一些安全相关的车辆网联一切（V2X）的功能（图 4.62）。

有趣的是，从乘客到汽车制造商，数据可能是一种有价值的商品。随着时间的推移，他们也可能在服务上赚更多的钱，比如销售影片或其他娱乐项目。蜂窝数据 V2X 通信很可能从使用 4G 网络开始，但它是向 5G 更高带宽能力的过渡，这将促进自车和其他功能所需的广泛通信

远程驾驶和协同操纵等功能将成为可能。同时，可以对从车辆摄像头收集的数据进行整理，以创建包括事故和临时道路工程等实时更新的地图。由于带宽较高，可以根据需要上传和下载大的高分辨率地图块。

网络安全将是一个重大问题（图 4.61），大多数专家认为，必须使用区块链等技术来存储通信。这将确保消息中的信息不会被篡改，并且 ID 是可信的。

图 4.61　车辆乘员将交换大量不同类型的数据，因此链路的安全性至关重要（来源：IBM）

4.9.2　导航 NDS 数据标准

内置导航系统上的地图显示正变得更加引人入胜和更加相关。建筑物向天空延伸，使车辆更容易获得自身的位姿，可见的地形高度变化结合卫星图像，将产生一个近乎真实的照片。

这是由博世公司的高级导航软件实现的，该软件采用符合新的导航数据标准（NDS）的数据，并在 3D 渲染模块中对其进行处理，将其转化为视觉上令人惊叹的地图（图 4.63）。

> **定义**
> NDS：导航数据标准

图 4.62　V2X 可以防止事故发生（来源：大陆）

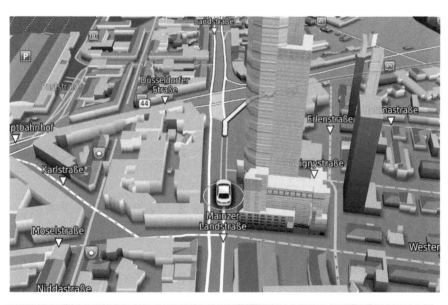

图 4.63　强大的 3D 地图引擎支持连续缩放（来源：博世媒体）

　　该系统可以灵活工作，但如果有互联网连接，该系统可以用动态数据增强地图显示。例如，在未来，将允许整合最新天气信息或沿途加油站的油价。

　　新导航软件的核心部件是基于 Open Scene Graph 的三维地图引擎。它使用一个附加的显示层来叠加三维元素，比如建筑物，还可以使它们透明，当路线在结构后面时，驾驶员同样可以看到它。驾驶员可以从最高级别的细节到世界视图平滑地缩放可见地图区域。软件使用包含在 NDS 数据中的地形信息，可显示地形高度的差异。甚至还可以人为地将地图向地平线方向弯曲，从而最大限度地增加用于显示路线的屏幕面积。

> **关键事实**
> 新导航软件的核心部件是基于 Open Scene Graph 的三维地图引擎。

为了与系统交互，驾驶员可以在语音输入、多点触摸和手写识别之间进行选择。还可以同时在不同的屏幕上显示地图的不同区域，例如中控台和仪表板上的显示屏。显示细节的级别可以适应信息娱乐系统的计算能力和内存。因此，导航软件可以根据汽车制造商的要求进行配置。交通拥堵已经可以在地图上近乎实时地描绘出来。但是，如果信息娱乐系统有互联网接入，将来就有可能在地图显示中集成更多的信息。例如，博世互联地平线（Bosch connected horizon）可以实时访问云中存储的道路状况数据（图4.64）。三维地图引擎可以可视化这些数据，因此，如果有特别大雨或地面上存在结冰的风险，地图上的区域会以不同的颜色出现。在电动汽车中，该系统使用彩色透明覆盖层，在地图上指示剩余蓄电池充电的电流范围。

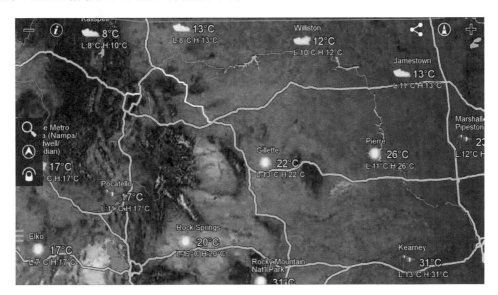

图4.64 来自互联地平线的动态数据——不仅仅是交通信息（来源：博世传媒）

4.9.3 车对车通信

连接的车辆可以通过无线通信交换数据。被称为专用短程通信（DSRC）的系统为这种车对车（V2V）的安全通信提供了最可靠的技术。DSRC通过类似于工作或家庭系统的Wi-Fi传输消息。这些信息可以穿透大雪或大雾等障碍物在较长的距离内传输到其他车辆。DSRC以及其他形式的车辆通信也使车辆与基础设施网联成为可能。这使得协调和合作能够减少拥挤和改善交通流量。行人和骑自行车的人也可以通过便携式设备连接进来。

> **定义**
> DSRC：专用短程通信

未来的汽车将被网络连接起来。这是因为使用来自互联网的最新信息将使车辆乘客更安全、更高效、更方便地到达目的地。集成到物联网还可以解锁大量与车辆相关的服务。

博世有一个基于云的警报，如果有错误路线的驾驶员接近，它会在10s内警告驾驶员。从真正意义上讲，预警系统是网联的一个救命稻草。

为了将汽车与互联网连接起来（图4.65），博世主要采用两种方式。首先，它充分利用了驾驶员的智能手机。使用集成的mySPIN解决方案，驾驶员可以将他们的Android和iOS设备连接到车辆的信息娱乐系统中。然后可以从车辆的中央显示屏方便地操作选定的应用程序。自2014年以来，捷豹和路虎车型一直采用这项技术。

图4.65　博世科技使汽车联网通信
（来源：博世传媒）

博世的第二种方法是以连接控制单元（CCU）的形式为车辆配备连接硬件。CCU使用配备SIM卡的无线模块接收和发送信息。如果需要，它还可以使用GPS确定车辆的位置。

> **定义**
> CCU：连接控制单元

通过OBD接口连接到车辆的电气系统，CCU既可以作为原始设备，也可以作为改装解决方案。这使得车队运营商也有可能对现有车辆进行改装。博世子公司Mobility Media还以"驱动日志连接"的名义向私人用户销售此解决方案（图4.66）。连接到CCU的智能手机可以显示车辆数据，提供有关节油驾驶的提示，如果出现故障，如果需要的话会立即联系牵引服务和车辆修理厂。

在网络云端（图4.67）可以找到交通堵塞、薄冰和错误驾驶的信息。当与停车场和收费点等基础设施数据相结合时，这提供了一个更广阔的视角，即所谓的连通视界。在通信连接的车辆中，驾驶员可以"看到"下一个山坡的顶部、下一个弯道的周围以及更远的地方。由于未来的汽车会在很长一段时间内警告驾驶员有大雾或在下一个弯道后面停了一排车，所以驾驶会更安全。

图4.66　联网的汽车比人更自主地驾驶
（来源：博世传媒）

图4.67　云连接（来源：博世传媒）

车辆网联还提高了车辆效率。例如，有关交通堵塞和前方道路的精确数据，使沿选定路线优化混合动力和电动车辆的充电管理成为可能。而且，由于汽车的思维超前，柴油微粒过滤器可以在汽车离开高速公路之前再生，而不是在随后的停车和行驶中再生。车辆网联也提高了便利性，因为它是自动驾驶的先决条件。这是在施工区域、交通堵塞和事故现场前实现无紧急制动的唯一方法。

> **关键事实**
> 车辆网联提高车辆效率。

除了驾驶数据和车辆周围环境的信息外，网联的车辆还捕获单个部件的操作数据。通过复杂的算法运行这些数据可以进行预防性诊断。例如，将从喷油器收集的数据通过分布式算法放到云端数据和车辆中，可以预测零件的剩余使用寿命。可立即通知驾驶员或操作员，并及时向维修车间预约。这样，通常可以避免昂贵的维修和抛锚时间，特别是对于大型商用车。建筑物、树篱或货车会很快挡住驾驶员的视线，尤其是在十字路口。如果驾驶员不能小心驾驶，通常只有几毫秒的时间来确定是否会发生碰撞。然而，通过及时提供驾驶员和车辆视野之外的信息，车辆网联可以大大减少由此导致的事故数量。

> 如果驾驶员不能小心驾驶，通常只有几毫秒的时间来确定是否会发生碰撞。

博世正与诺基亚和德国电信合作，为汽车行业开发本地云解决方案，并致力于通过蜂窝网络将车辆完全集成到博世物联网云。这些公司正在使用移动边缘计算（MEC）技术，这是一种蜂窝网络技术，它使用本地云来聚合和处理延迟的关键信息并将其分发给驱动程序。与大多数云不同，本地云设置在路边的移动基站，而不是互联网上。

车辆必须能够通过中央或本地云中的服务器进行相互通信。为了让交叉口助手工作（图4.68），车辆必须定期将其位置和移动数据发送到服务器。这些数据与附近车辆的数据以及道路通行规则进行比较。如果有发生事故的危险，则将在没有通行权的车辆上显示警告信息。

在车辆以更高速度行驶的城市外面，如果数据通过本地云通信，会有明显的优势。与通过中央云交换信息的解决方案相比，本地云方法的速度至少快了三倍，而且在车辆与车辆之间的通信延迟小于2ms的情况下，它们的差异要小得多。在某些情况下，这会影响信息是否准时到达车辆，以及驾驶员或安全功能是否能够迅速做出反应。

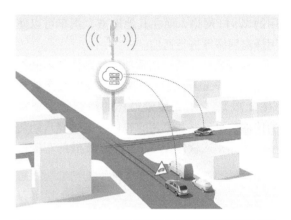

图4.68　本地"基于单元格"的云端交叉口助手（来源：博世传媒）

> **关键事实**
> 较高的车对车通信延迟将阻碍系统的反应时间。

图4.69　与所有事物的通信（来源：博世传媒）

4.9.4　车辆到一切（V2X）通信

为了在未来实现联网和自动化驾驶，车辆必须能够轻松地相互通信以及与周围环境的通信。目前，这种交换技术没有全球标准化的数据基础，即所谓的"车辆到一切"通信（V2X）（图4.69）。相反，未来车辆将使用世界各国和车辆制造商实施的各种不同标准进行通信。

然而，博世将通信单元和远程信息处理单

元结合在一起，它们各自只能使用一种传输技术，从而为 V2X 数据通信创建一个一体化的中央控制单元。之后，汽车可以使用城市中可用的 Wi-Fi 网络，而在其他地方，汽车可以使用蜂窝网络等进行通信。

管理这些不同通信选项的复杂任务由硅谷初创企业 Veniam 提供的软件解决方案来处理（图 4.70）。它不断搜索最佳的适合特定要求的传输技术，并在可用的替代方案之间自动切换。因此，该软件保持了连续和无缝的车辆通信，确保汽车能够可靠地相互提醒发生事故，并且乘客可以享受不间断的音乐流媒体。

预计到 2020 年，仅欧美和中国道路上的联网车辆数量就将超过 4.7 亿辆，预计 2025[8] 年初，大多数车辆将直接连接到云端数据。在不久的将来，越来越多的车辆也将能够彼此直接通信，并与交通信号、道路施工现场、人行横道和建筑物等进行通信。然后，它们将能够相互提醒潜在的危险，如交通堵塞时对前方车辆的接近、交通事故和结冰情况。

图 4.70　Veniam 软件持续搜索最佳传输技术（来源：博世传媒）

车辆还可以利用交通灯"绿波"，因为它们可以预测到下一组灯何时变绿。然后车辆可以相应地调整速度。这确保了交通更加顺畅。不幸的是，目前还没有全球统一的 V2X 通信标准。

中国主要使用基于移动通信的 cellular-V2X 技术（C-V2X）；欧洲和美国计划在 C-V2X 的基础上额外引入基于 Wi-Fi（DSRC 及其 G5）的传输标准。因此，国际上出现了标准混乱的情况，这可能导致车辆的通信出现问题。这就是博世通用连接单元如此重要的原因。无论车辆制造商或使用者所在国家如何，装备的车辆都能够相互通信以及与周围环境通信。这将使 V2X 通信更加安全可靠

Veniam 软件是来自博世的连接单元（图 4.71）的连接增强程序。该软件除了关注当前可用的 V2X 通信技术外，还密切监视每个可选连接选项的成本和数据传输延迟，因为并非每种技术都适用于任何一种情况。例如，当提醒驾驶

员另一辆车即将从侧街驶出时，每毫秒都是有意义的。这类关键信息必须使用随时可供使用的高度可靠的技术进行实时通信，即使这意味着由此产生的数据传输成本更高。另一方面，云端的软件更新或导航系统地图更新可以在这种情况下暂停，直到低成本的固定 Wi-Fi 网络可用。大量数据可以在短时间内通过 Wi-Fi 传输，但缺点是公共或家庭 Wi-Fi 热点并不总是可用。Veniam 的软件熟悉每种通信类型的优缺点，并总是建立最佳连接。

图 4.71　连接单元（来源：Bosch media）

> **关键事实**
> 当提醒驾驶员另一辆车即将在他们前面驶出时，每毫秒都是有意义的。

4.9.5　摩托车与汽车的通信

使摩托车和汽车能够相互通信，为摩托车手创造了一个数字防护。半径几百米以内的车辆可以互相交换车辆类型、速度、位置和行驶方向的信息（图 4.72），最多可达每秒 10 次数据交换（图 4.73）。

早在摩托车进入视野之前，这项技术就警告驾驶员和车辆中的传感器，有摩托车正在接近。这使他们能够更好地驾驶，更具防护能力。公共无线局域网标准（ITS G5）被用作摩托车和汽车之间数据交换的基础。发射器和接收器之间仅几毫秒的传输时间意味着参与的道路用户可以生成和传输与交通状况相关的重要信息。

图 4.72　V2V 是 V2X 的一个方面

图 4.73　智能车辆在驾驶员感知之前相互了解（来源：博世传媒）

至少可以说，确保未来车辆的安全是一项网络安全挑战（图 4.74）。当你的家用电脑出了问题，"崩溃"只是一个比喻。最近的一项调查发现，如今近 100% 的汽车都采用了可能不安全的无线通信技术，大多数制造商可能无法轻易确定他们的汽车是否遭到黑客攻击。通过车载诊断设备进行的物理攻击表明，即使汽车在行驶中，系统也有可能被操纵，例如转向系统。

图 4.74　网络安全至关重要

> **关键事实**
> 如今近 100% 的汽车都采用了无线通信技术，这可能是不安全的。

安全，特别是网络安全，是汽车工业日益紧迫的问题。系统越来越复杂，威胁环境也越来越强大和复杂。由于 V2X 通信，这个问题只会使无人驾驶车辆变得更糟。现有一系列最佳做法，从管理重点到技术措施，都有助于控制风险。

从独立的、封闭的车辆系统转变为一个相互联网的环境，对汽车行业来说是一个巨大的变化。因此，所有车辆系统都应该具有三个需要加强的性质：

- 安全：预防胜于纠正，有效的风险管理首先要预防系统的漏洞。
- 警惕：硬件和软件可能会退化，攻击的性质和类型也可能改变。没有一个安全级别是完美的。因此，必须对安全性进行监控，以确保它仍然安全，或查看它是否已被破坏。
- 弹性：当发生违约时，必须有一个系统来限制损害并重新建立正常运作。该系统还应消除威胁，防止进一步蔓延。

在相互通信的汽车中，保护单个传感器的重要性至关重要。请记住，这些车辆是一种移动的联网数据中心！典型的汽车可以包含：

- 大约 70 个计算系统运行多达 1 亿行代码。
- 帮助导航和实时交通报告的 GPS 设备。
- 诊断系统，用于检查维修需求，并在发生事故或故障时发出警报。

随着基础设施的发展，汽车也将能够与路边的交通灯等设备进行通信。安全性必须是设计和开发的一部分，而不是在最后直接固定到设备中！

> **关键事实**
> 安全必须是设计和开发的一部分。

主要原则

随着汽车变得越来越智能，汽车行业的网络安全正成为一个越来越令人担忧的问题（图 4.75）。无论我们是将汽车变成 Wi-Fi 连接的热点，还是为其配备数百万行代码以创建完全自主行驶的汽车，汽车比以往任何时候都更容易受到黑客攻击以及数据盗窃。

从设计师和工程师到零售商和高级管理人员，参与制造业供应链的所有各方都必须获得一套支持这一全球行业的一致准则。英国交通部（DfT）与英国国家基础设施保护中心（CPNI）共同制定了以下主要原则，用于汽车行业、网联自动驾驶车辆（CAV）和智能交通系统（ITS）等生态系统及其供应链[9]：

- 原则 1——在董事会层面上拥有、管理和提升组织安全
- 原则 2——安全风险的评估和管理是适当的和成比例的，包括那些特定于供应链的风险
- 原则 3——组织需要的产品售后服务和事故响应，以确保系统在其生命周期内是安全的
- 原则 4——所有组织，包括分包商、供应商和潜在的第三方，共同努力提高系统的安全性
- 原则 5——系统采用纵深防御方法设计
- 原则 6——所有软件的安全性在其整个生命周期内都是受管理的
- 原则 7——数据的存储和传输是安全的，并且可以控制
- 原则 8——系统设计为能够抵御攻击，并在防御或传感器失效时做出适当响应

图 4.75　网络安全有很多方面

PAS 1885

为使上述原则正式化，编写了规范《PAS 1885：2018》[10]以帮助参与车辆生命周期和生态系统的各方，更好地了解如何改善和维护车辆安全以及相关智能交通系统（ITS）的安全。

> **定义**
>
> PAS：公开规范，一个在结构和格式上与正式标准非常相似的标准化文档，但是它有一个不同的开发模型。公开规范的目标是加速标准化。

本规范基于英国交通部（DfT）与英国国家基础设施保护中心（CPNI）共同制定的一套高级指南（见上一节）。它阐述了如何提供和维护网络安全的基本原则，以减少对日益相互连接和协作的智能交通生态系统中的产品、服务和系统的威胁和伤害。

> **定义**
>
> DfT：英国交通部，与机构和合作伙伴合作支持交通网络

汽车生态系统的概念包括：
- 车辆
- 相关基础设施，包括为车辆、其操作员、乘客和货物提供服务的路边和远程系统
- 人的因素，包括车主和／或运营商、设计师、制造商和服务提供商

本公开规范适用于整个汽车开发和使用生命周期的安全和功能安全方面，包括规范、设计、实施、集成、验证、配置、生产、操作、维修和退役。需要采用生命周期方法来应对不断变化的威胁环境所带来的所有风险，以便在车辆和与车辆相关的系统投放市场后对其进行保护。

黑客攻击

当前和未来车辆的网络互联性使它们成为潜在的攻击目标。汽车系统的网络通信打开了互联网的阴暗面，迫使汽车制造商迅速制定战略，以确保他们不会遭到黑客攻击。SAE 推荐的实施规程 J3061 "网络物理车辆系统网络安全指南"，是为车辆网络安全量身定制的第一份文件。

随着越来越多的车载系统通过某种无线电波与外界连接，或者扫描车外的世界，黑客们就有了更多的机会。制造商正在努力减少这种情况发生的可能性，并在这一过程中得到所谓道德黑客的帮助。

最近新闻中有几个有趣的例子；下面的两个例子说明了为什么这是一个重要的领域。此外，目前有一场关于黑客入侵汽车的合法性以及阻止其他黑客入侵的方法的辩论。

> **定义**
>
> 黑客：未经授权访问系统或计算机中的数据

首先，在 2015 年，菲亚特克莱斯勒公司在美国召回 140 万辆汽车，因为黑客证明他们可以通过互联网控制一辆 SUV，并将其引到沟里。2013 年以后该公司生产的某些车型需要进行软件更新，以防止它们受到远程控制。这一领域的两位知名专家查理·米勒和克里斯·瓦拉塞克破解了吉普的 UConnect 系统，该系统旨在让驾驶员通过应用程序起动汽车并打开车门。

第二个例子与智能车辆使用的激光雷达有关。软件安全公司 Security Innovation 的首席科学家乔纳森·佩蒂特说，他可以制造出一辆假的车辆信号并将其放置在任何位置，对行人或墙壁也可以这样做。对于这种使用激光雷达的系统，只需花费约 50 美元，攻击者可以诱使自动驾驶汽车认为前方有东西，从而使其减速。或者通过使用许多错误的信号，使汽车根本不会移动。

最近，美国的车主和研究人员获得了在不侵犯版权的情况下提取和检查汽车软件的

权利。这项裁决是在大众汽车的排放丑闻之后做出的，在这起丑闻中，软件隐藏的排放量高于许可排放量。在英国，有几项法律可能限制"黑客车主"在车内改写程序的程度。这些问题可能与版权立法有关，涉及复制代码和规避技术保护措施、保密信息权利和《计算机滥用法》。有趣的是，软件所有者通常并不拥有软件，只是拥有使用权，但这是一个灰色地带！

联网车辆带来了许多互联网接入带来的好处，但也带来了安全问题，包括网络攻击的威胁。因此，整个汽车供应链的设计团队需要关注广泛的安全技术。

> **关键事实**
>
> 网联车辆带来了互联网接入的诸多好处，但也带来了安全问题，包括网络攻击的威胁

安全专家建立了层层保护，虽然威胁通过了一个安全屏障，但是会被另一个安全屏障阻止。安全性应该从如何为每个 ECU 设计硬件和如何保护软件开始，然后扩展到 ECU 之间的通信，扩展到车辆网络的设计和分割。最终拓展到保护车辆、蓝牙、USB、OBD、诊断端口和蜂窝网络的外部输入。

> **定义**
>
> 虚拟机监控程序：将操作系统和应用程序与底层计算机硬件隔离的功能

虚拟机监控程序（图 4.76）是一种保护关键车辆功能免受错误或恶意软件攻击的技术。它们将车辆的关键功能与用户功能（如信息娱乐）分开，确保无线电主机中出现的问题不会扩散。

虚拟机监控程序可以在汽车领域和面向用户的操作系统之间提供安全隔离，从而将黑客入侵扩散到其他系统的风险降至最低。

图 4.76　虚拟机监控程序是 Harman 用来保护信息娱乐系统的工具之一（来源：哈曼）

激光雷达和摄像头攻击

2017 年，OnBoard Security 的一个团队（现在是高通技术公司的一部分）表明，可以诱使传感器认为某个物体在其路径上，从而导致虚假警告或触发紧急情况制动[11]。一次攻击包括车载激光雷达从不同位置发送的原始信号。这会产生假的反射信号，并可能使真实物体看起来比实际物体更近或更远。这次攻击的一个扩展是创建假的目标。激光雷达信号被捕捉到并被复制，因此可以在任何位置重建物体。

把明亮的光线照进摄像头里，摄像头会被遮住。这会使图像曝光过度，并隐藏无人驾驶车辆系统的目标。在某些情况下，用一阵阵的光冲击摄像头来混淆它的控制，将导致摄像头永久损坏。

作为道德黑客，安全团队提出了软件和硬件对策，以提高传感器抵御这些攻击的能力。他们的目标是让网联车辆尽可能抵抗网络攻击。希望他们的研究能为汽车制造商识别出潜在的攻击，这样他们就能制造出更强大的系统，避免潜在的危及客户生命的情况。

4.10　人工智能（AI）

4.10.1　什么是 AI

在计算机科学中，人工智能（artificial intelligence，AI）是由机器表现出的智能，而不

是由人类表现出的自然智能。一般来说，"人工智能"一词用于描述机器/计算机，它们模仿人类与其他人类思维相关的事物，如学习和解决问题。

有些人更喜欢辅助智能（assistive intelli-gence，AI）这个词，因为他们认为机器不是智能的，它们只是看起来像。我们将把这场辩论再搁置一下！

如表4.2所示，人工智能有四种类型。图4.77说明了走向不同人工智能应用的路线。

表4.2　人工智能（AI）的类型

反应性机器	最基本的人工智能系统是纯反应型的，不能形成记忆或利用过去的经验来做出当前的决定。这种类型的智能包括计算机直接感知世界并根据其所见采取行动。它不依赖于一个内在的世界观 这些机器每次遇到同样的情况时都会以完全相同的方式工作。当我们希望一个人工智能系统是值得信赖的时，这是很适合的，例如在无人驾驶车辆中。但是，如果我们想让它真正参与并回应世界，那就不适合了
有限记忆	这个分类包括可以回顾过去的机器。自动驾驶汽车已经做到了一些。例如，他们观察其他汽车的速度和方向。这不能在一瞬间完成，而是需要识别特定的对象并随时监视它们 这些观察结果被添加到自动驾驶汽车对世界的先验程序中，其中还包括车道标记、交通灯和其他重要元素，如道路中的曲线。当汽车决定何时改变车道，以避免拦截另一辆汽车的行驶路线或被附近的汽车撞到时，会利用这些元素 但这些关于过去的简单信息只是暂时的。它们不是作为汽车经验库的一部分保存的 在这方面正在进行大量的研究，以便无人驾驶车辆的人工智能系统能够记住并学习以前的经验
心智理论 （尚未完成）	这个高级类别中的机器不仅可以表示世界，还可以表示世界上的其他事物或实体。可以理解为，世界上的人、生物和物体都可能有影响自身行为的思想和情感 如果人工智能系统真的进入人们的生活，他们必须能够理解我们每个人都有想法、感觉和我们对于如何被对待的期望，并相应地调整他们的行为
自我意识 （尚不存在）	人工智能开发的最后一步是使系统能够形成对自身的认识。即使在人类中，意识也是一个难以破解的概念，要制造出拥有它的机器更是一个挑战。这也是我们应该问的一个问题：我们是否真的需要有意识的机器？

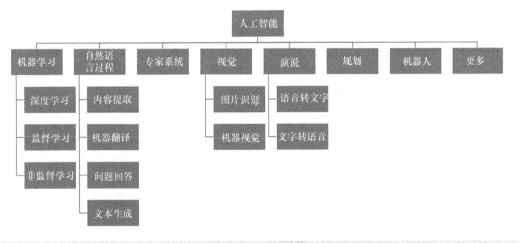

图4.77　AI 的种类

4.10.2　AI 的历史

以下是博世公司人工智能发展的有趣概要[12]。自20世纪中叶以来，12位科学家一直致力于人工智能的研究。他们的目标是开发像人类一样学习和思考的机器。以下是他们所取得的主要经验和技术里程碑的概述。

1936年：图灵机器

英国数学家艾伦·图灵运用他的理论证明，一台被称为"图灵机器"的计算机器，只要能将认知过程分解成多个单独的步骤，并用一种算法来表示，就能够执行认知过程。由此，他为我们今天所谓的人工智能奠定了基础。

1956年：人工智能一词诞生

1956年夏天，科学家们聚集在新罕布什尔州达特茅斯学院开会。他们相信学习的各个方面以及人类智力的其他特征都可以用机器来模拟。程序员约翰·麦卡锡提议称之为"人工智能"。世界上第一个人工智能程序——逻辑理论家——成功地证明了几十个数学定理和数据，也是在会议期间编写的。

1966年：第一个聊天机器人

美国麻省理工学院的德裔计算机科学家约瑟夫·魏岑鲍姆发明了一种与人类交流的计算机程序。"伊莱扎"可以用剧本来模拟各种对话伙伴，比如心理医生。韦森鲍姆对能够创造人类对话的"伊莱扎"所需的简单手段感到惊讶。

1972年：医学领域的人工智能

通过"霉素"，人工智能进入了医疗实践。由斯坦福大学的特德·肖特利夫开发的专家系统被用于治疗疾病。专家系统是一种使用公式、规则和知识数据库将专家的知识捆绑在一起的计算机程序。这些都用于医学诊断和治疗支持。

1986年：NETtalk的发言

这是计算机第一次发出声音。特伦斯·J.塞伊诺夫斯基和查尔斯·罗森博格通过输入例句和音素链，教他们的"NETtalk"程序说话。NETtalk能够正确地朗读单词和发音，并且能够将所学的知识应用到不知道的单词上。它是早期人工神经网络的一种，是一种提供大量数据集并能在此基础上得出自己结论的程序。因此，它们的结构和功能与人脑相似。

1997年：计算机击败国际象棋世界冠军

来自IBM的人工智能国际象棋计算机"深蓝"在一次锦标赛中击败了现任国际象棋世界冠军加里·卡斯帕罗夫。这在由人类主导的领域被认为是一个历史性的成功。然而，批评人士认为，深蓝的问题在于，它仅仅通过计算所有可能的动作，而不是使用认知来赢得比赛。

2011年：人工智能进入日常生活

硬件和软件领域的技术飞跃为人工智能进入日常生活铺平了道路。计算机、智能手机和平板电脑中功能强大的处理器和图形显卡让普通消费者能够使用人工智能程序。数字助理尤其受欢迎：如苹果公司的"Siri"在2011年上市，微软在2014年推出了"Cortana"软件，亚马逊在2015年向Amazon Echo推出了语音服务"Alexa"。

2011年：Watson赢得智力竞赛节目

计算机程序Watson在美国电视智力竞赛节目中以屏幕上的动画符号的形式参赛，并战胜了人类选手。这样，Watson证明了它能理解自然语言，并能快速回答困难的问题

2018年：AI进行关于太空旅行的辩论并进行了美发预约

这两个例子证明了人工智能的能力。2018年6月，IBM的"项目辩论家"与两位辩论大师就复杂的话题展开了辩论，并取得了显著的成绩。同年，谷歌在一次会议上演示了人工智能程序"Duplex"如何给一位美发师打电话并进行交谈，而电话那头的女士却没有注意到她正在和一台机器通话。

20xx：不久的将来是智能的

尽管经过几十年的研究，人工智能（图4.78）相对来说还处于初级阶段。它需要变得更加可靠和安全，以防被篡改，然后才能用于敏感领域，如自动驾驶或医学。另一个目标是让人工智能系统学会解释自己的决定，以便人类能够理解它们，更好地研究人工智能是如何思考的。许多科学家正在研究这些课题。

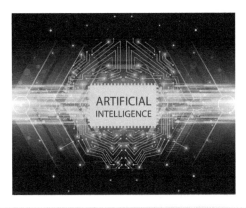

图 4.78 人工智能的表示
（来源：www.vpnsrus.com）

4.10.3 自上而下和自下而上的人工智能

自上而下和自下而上的人工智能系统各有利弊。然而，这些往往是互补的。

> **关键事实**
> 人工智能可以描述为自上而下或自下而上。

自上而下（符号）的方法：

◆ 分层组织（自上而下）架构
◆ 所有必要的知识都在知识库中预先编程
◆ 分析包括创建、操作和链接符号

◆ 该程序在语言处理等相对高级的任务上表现得更好

自下而上的方法（例如神经网络）：

◆ 模型是由连接在网络中的简单组件构建的
◆ 由学习周期组成的相对简单的抽象程序
◆ 汇编程序建立自己的知识库和常识断言
◆ 在大量简单处理单元的相互作用下产生智能
◆ 内置的学习机制带来适应性和灵活性
◆ 能够更好地模拟低级的人体功能，如图像识别

该领域的两位专家警告说：

基于规则的软件可以成为无人驾驶汽车工具箱的一个有价值的部分，用于高级控制应用程序，如路线规划，以及管理低级活动，如检查油箱的状态。然而，基于规则的人工智能有在非结构化环境中崩溃的趋势，这导致一些机器人学家将自上而下的人工智能软件称为"脆弱的"。

（利普森和库曼，2018）

图 4.79 显示了各种方法的表述，以及如何或在何处使用它们。

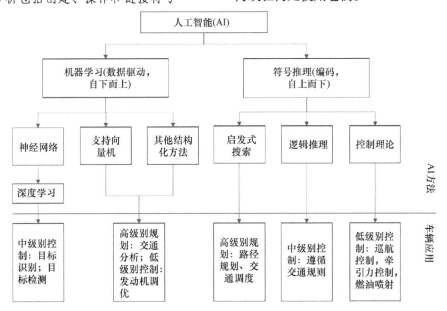

图 4.79 无人驾驶汽车中使用的人工智能技术。最困难的方面是需要深入学习识别障碍物和协商交通（来源：博世传媒）

4.10.4 深度学习

深度学习是一类机器学习算法，它使用多个层次逐步从原始输入中提取更高层次的特征。例如，在图像处理中，较低层次可以识别边缘，而较高层次可以识别有对人有意义的物体，例如汽车、人或物体（图4.80）。

> **定义**
>
> 深度学习：一类机器学习算法，使用多层从原始输入中逐步提取更高层次的特征

多层深度连接网络对输入数据进行非线性转换。它通常以生物系统为模型，如深度神经网络（DNN）或卷积神经网络（CNN）。通过在有监督或无监督的优化过程中应用大标签训练集来"训练"系统。

> **定义**
>
> DNN：深度神经网络

有监督的机器学习是指程序在预先定义的一组示例上进行训练，然后在给定新数据时使其能够得出准确的结论。

在无监督的机器学习中，程序得到大量的数据，必须找出它所包含的任何模式和关系。

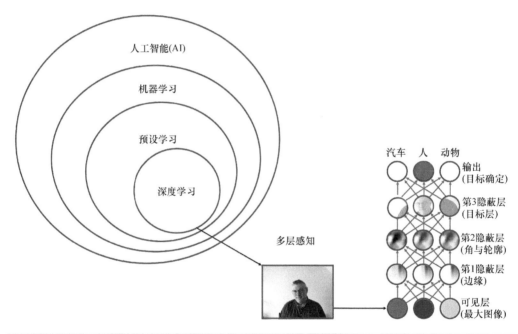

图4.80　多层感知（资料来源：控创公司穆罕默德·贝加赫博士）

4.10.5 端到端机器学习

机器学习端到端模型会学习原始输入和最终输出之间可能出现的所有特征。对于图像识别任务，训练端到端模型以从输入图像中识别不同的项。术语"端到端"强调它处理整个任务序列，而不是系统的一部分。在这个视图中，额外的步骤，例如数据收集或辅助过程，不能成为模型的一部分，除非它可以用给定的数据学习中间过程。

几家无人驾驶车辆公司正致力于使用摄像头作为唯一输入的端到端解决方案，不使用激光雷达，也不使用高分辨率地图。英国剑桥的一家公司教一辆汽车在模拟环境中驾驶，然后把它放在路上，只配备了摄像头和普通的卫星导航系统。最终在一天内得到了一辆能驾驭复杂新环境的自动驾驶汽车[13]。

这家名为 Wayve.ai 的公司正在采用端到端的机器学习方法来制造自动驾驶汽车。他们的系统没有创建一个输入道路规则的平台，而是使用模拟和强化学习，结合摄像头和传感器来控制车辆，并遵循导航系统中输入的路线。

这种基于模型的深度强化学习系统使其能够学习在新环境中驾驶，就像人类一样，基于给定的或从过去经验中学习的数据。不同于其他自主平台，汽车本身创造了所有的规则，并基于安全驾驶员的干预而发展，而不是依赖工程师来提供新的数据。

尽管这项技术在现实世界中可能表现良好，但尚不清楚它是否有足够的经验，也不清楚它需要多少数据才能恰当地处理边缘情况，而且这条开阔的道路也不是一个可接受的试验场。还有一种能力，就是在与人类非常相似的情况下，找出什么地方出了错，并导致了事故。有一种观点认为，这些车辆将被限制在严密的地理围栏区域内，目前尚不清楚何时这项技术将足够强大和可靠，能够在所有道路上自由运行。

4.10.6 目标识别简化示例

识别图像中物体所需的处理能力和复杂性是巨大的。本节是一个非常简单的解释，以显示其中过程和所涉及的内容。

> **网站**
> 请访问 www.automotive-technology.org 以获取此程序和其他模拟程序的工作版本

为了使处理过程保持在我们可以处理的水平，我假设图像由 5×5 像素的网格组成。图

4.81 显示了用于训练人工智能的四幅图像。实际上，会使用大量类似的图像（但更大更复杂）。

图像将经过简化处理，例如通过观察边缘和较暗的区域。然后它们作为一个二维数组存储在内存中，因此，例如，某个人由如下数组表示：

$$Human01(5,5) = \begin{matrix} 0, & 0, & 1, & 0, & 0 \\ 0, & 0, & 1, & 0, & 0 \\ 0, & 1, & 1, & 1, & 0 \\ 0, & 1, & 1, & 1, & 0 \\ 0, & 1, & 0, & 1, & 0 \end{matrix}$$

另一个人可能是（在这种情况下，以相同的模式移动到左边）：

$$Human01(5,5) = \begin{matrix} 0, & 1, & 0, & 0, & 0 \\ 1, & 1, & 1, & 0, & 0 \\ 0, & 1, & 0, & 0, & 0 \\ 1, & 1, & 1, & 0, & 0 \\ 1, & 0, & 1, & 0, & 0 \end{matrix}$$

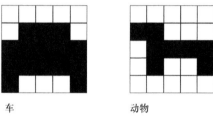

空　　　　　　人

车　　　　　　动物

图 4.81　用于训练的简化的人工智能系统的信息

在代码上，我必须再次强调这是非常简单的，将类似于

```
Call ProcessCurrentCameraImage(LiveImage(5, 5)) 'Stores the image from the camera
If LiveImage(5, 5) = Human01(5, 5) Or LiveImage(5, 5) = Human02(5, 5) Then
strObject = "Human"
ElseIf LiveImage(5, 5) = Animal01(5, 5) Or LiveImage(5, 5) = Animal02(5, 5) Then
strObject = "Animal"
ElseIf LiveImage(5, 5) = Car01(5, 5) Or LiveImage(5, 5) = Car02(5, 5) Then
strObject = "Car"
Else
strObject = "Unknown"
End If
```

一般使用的图像将超过两个，并且它们可以以更快的方式迭代，但上述示例同样对原理进行了说明。另一件需要计算的事情（需要更改上面的程序）是匹配百分比。如果实际图像和存储的图像相同，则匹配率为100%。如果这些示例中的25个块中有1个不正确，那么匹配可靠性将为96%，以此类推。

因此，我们从更新程序中得到的结果可能如下：

```
strObject = "Human" 96%
strObject = "Animal" 20%
strObject = "Car" 16%
```

必须进一步处理这个缺陷。训练越多，结果就越准确。

注释

1.《公路法》规定，闪烁的灯光表示"我在这里"或类似的意思，但我们都知道不成文的规则，它也可以表示"如果需要的话，你走，我会减速"。

2. 来源：LeddarTech, https：//leddartech.com/

3. 来源：https：//autonomous-driving.org

4. 来源：http：//investors.tomtom.com/releasedetail.cfm?ReleaseID=1014506

5. 来源：www.qualcomm.com/news/releas-es/2017/02/26/qualcomm-drivedata-platform-powers-tomtoms-planscrowdsource-high

6. 假设美国、中国、德国和日本的整个公路网都有高分辨率地图（23万km），不到全球公路网的1%（39.5万km）

7. 来源：https：//5g.co.uk/guides/what-is-5g/

8. 来源：PwC.https：//www.strategyand.pwc.com/media/fle/2017-Strategyand-Digital-Auto-Report.pdf（September 2017）；

https：//www.strategyand.pwc.com/media/fle/DigitalAuto-Report-2018.pdf（September 2018）

9. 来源：www.gov.uk/government/publications/principles-of-cyber-securityfor-connected-and-automated-vehicles/thekey-principles-of-vehicle-cyber-security-forconnected-and-automated-vehicles

10. 来源：https：//shop.bsigroup.com/ProductDetail/?pid=000000000030365446

11. 来源：http：//blog.onboardsecurity.com/blog/author/jonathan-petit

12. 来源：www.bosch.com/stories/historyof-artifcial-intelligence/

13. 来源：https：//wayve.ai/

社会与人的问题

5.1 谁应该在一场事故中死亡

5.1.1 经典电车问题

电车（有轨电车、火车等）问题[1]是伦理学中的思想实验。问题的简单概述如下（图5.1）：

你看到一辆失控的电车朝着五个人移动，他们被绑在铁轨上，所以不能移动。你站在控制杆旁边。如果你拉动控制杆，电车将被引导到另一条轨道上，主轨道上的五个人将被救出。然而，有一个人被绑在另一条轨道上。你有两个选择：

1）什么都不做，让电车杀死主轨道上的五个人。

2）拉动控制杆，将电车转向另一条轨道，在那里它会杀死一个人。

哪个更符合道德？进退两难的局面也可以调整，比如说，单独的那个人是你的孩子或姐

姐或类似的人。

似乎有一个显而易见的答案，但当考虑到人类的情感时，答案就复杂得多了。在这种情况下，现在有关ADV的问题是：如果被迫选择，自动驾驶车辆在不可避免的撞车事故中应该杀死或伤害谁？

> **关键事实**
>
> 电车问题似乎有一个明显的答案，但当涉及人类情感时就没有了。

是否应该牺牲车上的乘客来拯救行人？还是应该杀死一个行人来救车上的一家四口？当然，实际情况会更复杂，但它确实说明了如何"编程"一辆符合道德规范的自动驾驶汽车（ADV）。

有几家汽车制造商表示，这辆车将一直寻求拯救乘客。

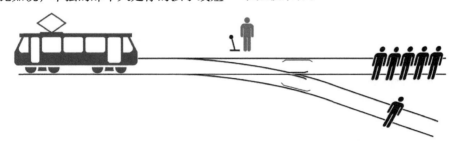

图5.1　杀死哪一个（来源：McGeddon 维基）

5.1.2 自动驾驶场景

"道德机器"[2]网站向人们展示了这种困境的几种变体。你可以在该网站上测试你自己的反应。

如果自动驾驶汽车牺牲乘客或转向撞上（例如）：

1）婴儿。

2）男医生。

3）罪犯。

4）无家可归者。

5）猫。

实验开始四年后，研究人员发表了一份数据分析报告（图5.2）。4000万项决策的结果表明，人们更愿意拯救人类而不是动物，尽可能拯救更多人的生命，并且倾向于拯救年轻人而不是老年人。

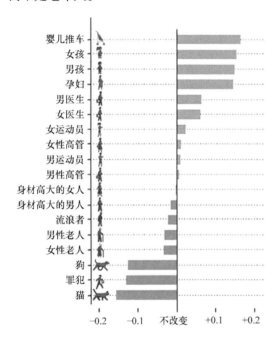

图5.2 一辆自动驾驶汽车应该拯救乘客还是行人？（资料来源：麻省理工学院媒体实验室）。

此外，还有一些小的趋势，拯救女性超过拯救男性，拯救高阶层的人超过拯救流浪者，拯救行人超过拯救乘员。研究人员承认，他们的网络游戏不是一项控制性研究，它不能公正

地解决所有复杂的自动驾驶汽车困境。然而，他们希望这台道德机器能引发一场关于自动驾驶汽车必须做出的道德决定的对话。

他们的观点是，我们需要进行一次全球对话，以表达我们对那些将设计道德算法的公司以及那些将对其进行监管的公司的偏好。德国已经出台了一项法律，规定无人驾驶汽车必须不惜一切代价避免伤亡。它还指出，算法决不能根据乘客或行人的年龄、性别或健康状况来决定该做什么。

如果我们不提高警惕，事情可能会朝着汽车制造商而不是公众的方向发展；我们需要像斯珀林所想的那样小心："我们必须引导即将到来的创新走向公共利益——如果我们不这样做，我们就有可能制造噩梦"（斯珀林，2018）。

5.2 公众对于 CAV 的反应

在英国和其他国家推出联网和自动驾驶汽车（CAV）有许多障碍[3]。采用这一技术的三个主要挑战是：

> **定义**
> **CAV**：网联式自主车辆

1）消费者行为。

2）连接基础设施。

3）经营模式。

随着公众对于 CAV 的接受程度增强，首先是受影响者，然后是普通消费者，社会对 CAV 的接受程度可能会越来越高。更年轻、更能接受新技术的人将占驾驶人数量的更大比例。消费者信心和其他一切一样，将受到媒体的极大影响。

影响舆论的往往是观念，而不是现实。2016 年，一辆自动驾驶汽车在美国试驾时闯红灯，引起媒体的极大关注。想象一下有多少人类驾驶员在没有媒体关注的情况下，在那段时间做了同样的事情。

除了对安全的看法，消费者也会对成本形成看法。必须注意的是，实际或预期的更高保费不会妨碍 CAV 的使用。

这也可能会给人留下这样的印象：这项技术不那么安全，事实并非如此。想象一个我们从未使用过汽油的世界，然后有人发明了一辆车，车的后部装有带 50L 汽油的塑料罐。这将被描述为有史以来最危险的事情！

需要政府和工业界的沟通来消除这些障碍。

5.3　保险

必须提出的问题是：

谁应该为一次自动驾驶的车祸负责？不是驾驶员！驾驶员们可能并不十分关心不同自动化水平之间的区别，但保险公司肯定会关注。在自动驾驶汽车的时代，汽车保险有望发生根本性的变化。

英国保险协会（ABI）建议，无人驾驶汽车在被允许在完全自主模式下运行之前，应该有足够的安全级别来防范网络攻击。报告还强调，自动驾驶系统能够检测到网络入侵和数据安全漏洞，并将其影响降至最低。

> **定义**
> ABI：英国保险协会

联网的车辆服务为汽车和驾驶员带来了许多新功能，但可能会让黑客利用传播病毒或远程访问车辆的控制权。强大的网络安全可能会变得比物理锁和防盗装置更为重要。

这一点仅是保险公司和 Thatcham Research 研究机构希望看到的十分之一，在允许无人驾驶汽车在完全自主模式下运行之前，这将成为所有无人驾驶汽车的要求。

其他建议包括事故后提供车辆数据，以及车辆能够在没有驾驶员干预的情况下处理紧急情况。

ABI 是自动驾驶汽车的主要支持者，因为它有可能极大地改善道路安全。

然而，如果让人们相信一辆车能让他们安全地从一个地方到达另一个地方，网络安全至关重要。事实上，它应该在任何汽车被允许有效驾驶之前实现，这是一项强制性要求。

5.4　移动即服务

移动即服务（Mobility-as-a-Service，MaaS）是一种潜在的有趣的汽车所有权转移。据认为，我们将购买一个移动解决方案，而不是实际的车辆。MaaS 有许多好处，例如，可以提高道路网效率和能源使用效率。

这项技术是一种新的运输思路。MaaS 背后的关键概念是根据旅行者的旅行需求提供他们的移动解决方案。

乍一看，这些想法至少可以说是雄心勃勃；比如，我们为什么现在不用这种出租车呢？然而，比较你的车在车道上或车库里的行驶时间与在路上的行驶时间——这是一种资源，但并没有得到很好的利用。

5.5　全球概况

5.5.1　英国

介绍

2019 年，英国汽车制造商和贸易商协会（SMMT）[4]（图 5.3）发布了一份报告，详细评估了联网和自主车辆（CAV）的发展情况。本节中的数字和核心内容都摘自该报告。在某些地方添加了替代视图。建议阅读完整报告，可从本章末提供的网站链接获取。

图 5.3　SMMT

一个关键的问题是在英国部署 CAV。它

包括三个关键方面：

1）当前的市场和技术趋势，以及未来的路线图。

2）与其他主要国家相比，英国在 CAV 部署方面的进展和倾向。

3）在 2030 年及以后，CAV 部署对英国经济的潜在总体影响。

报告使用了一个新的部署指数，该指数以英国和其他主要国家在推广 CAV 方面的进展为基准。该综合指数基于三个宏观参数：

1）启用规定。

2）支持基础设施。

3）市场吸引力。

基于这三个参数，英国整体排名第一，高于美国、德国和日本等竞争对手。该报告还确定了 CAV 的部署给英国带来的经济效益，预计到 2030 年，CAV 的年收益将达到 620 亿英镑。

报告最后展望了 2040 年，就如何推动广泛采用 CAV 带来的机遇，向英国政府提出了重要建议。图 5.4 显示了一些关键数字。预计到 2030 年，全球 CAV 保有量将超过 1800 万辆。这将显著改变人们上下班的方式。

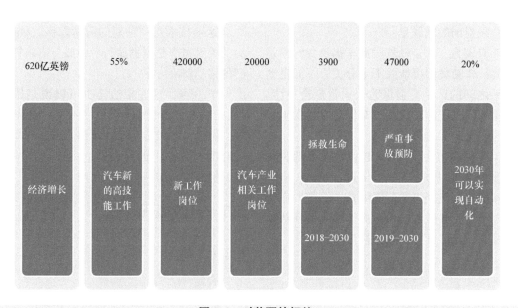

图 5.4　对英国的好处

目前市场上的驾驶员在环辅助功能，按照 SAE 级别，是第 2 级。这些功能包括车道保持和自适应巡航控制。

具有更高自动化水平的车辆将在 21 世纪 20 年代投入使用。这很可能在交通堵塞和高速公路上试点开始。这使得驾驶员能够安全地脱离动态驾驶任务（DDT），比如在交通堵塞时和高速公路上驾驶。

一些早期的 4 级自动化功能可能在 21 世纪 20 年代初引入。这些功能可能包括高度自动化的高速公路试点、自动代客泊车和如在城市虚拟定义或"地理围栏"区域内运行的自动驾驶出租车。

5 级自动驾驶车辆具有完全自动驾驶的能力，无条件，无操作域或地理限制。5 级不太可能在 2035 年之前推出。

不过，一些评论员认为，自主驾驶水平可能主要保持在 2 级左右，然后跳到 5 级。这是因为在保持驾驶员警惕并准备好控制方面存在

> **定义**
> DDT：动态驾驶任务

挑战。

另一种观点是，随着更先进的驾驶员辅助功能投放市场，5 级自动驾驶可能会逐步达到。尽管这一战略的做法是渐进的，但预计它将对与现行运输方式有关的安全、便利和成本方面产生重大影响。

领先的原始设备制造商，包括奥迪、宝马、福特、捷豹路虎、奔驰、日产、特斯拉和沃尔沃，已经在英国提供 2 级驾驶员辅助功能。预计到 2030 年，在英国销售的所有车辆中，将有 30% 以上配备 2 级自动化功能。

SAE J3016（自动化水平）中概述的 CAV 部署路线图和这些技术的实际应用均表明，英国最早可在 2021 年部署第一个"驾驶者脱离环路"的 3 级自动化功能，如交通堵塞试点和公路试点。我们拭目以待！

支持

SMMT 报告向政府提出了四项主要建议：

1）修改道路交通法，以启动 3 级自动驾驶。

2）确保整个英国道路网络覆盖 4G 网络。这对于成功部署网联车辆至关重要。目前英国 A、B 公路网络 4G 的覆盖率限制在 54% 左右。

3）鼓励地方当局与工业界合作，以安全为中心，实施面向消费者的城市交通服务。

4）致力于制定一套国际统一的法规，规定自动驾驶车辆的测试、验证和型式认证，以便行业进入全球市场。

经济

到 2030 年，CAV 的部署将为英国带来 620 亿英镑的潜在年度经济效益（图 5.5）。这是由于更好的车内联通性、更高的旅行效率和减少与流动性有关的费用，提高了消费者的生产效率。例如，CAV 部署可能导致通勤者：

1）每年节省 42h 的旅行时间。

2）由于减少了交通拥挤和改善了交通流量，每趟行程的平均速度提高了 20%。

有人建议，由于拥有新的收入来源，联通性和自动化将对经济产生更广泛的影响。据估计，汽车价值链对经济产生了净的积极影响。这来自于移动服务、售后服务和车辆保险，但这一领域的公司将有新的收入来源。由于新技术进入市场，CAV 的硬件和软件许可有望成为主要的收入来源。

拯救生命

移动便利性和降低总体成本是 CAV 的两大主要优势。然而，最大的影响对消费者来说，是英国公路网的安全性可能会提高。即使是基本的驾驶员辅助功能，如自动紧急制动（AEB）和盲点检测（BSD），也有望大大减少事故的发生。

然而，到 2030 年，避免撞车所带来的总收益估计超过 20 亿英镑。这是因为严重碰撞事故减少 47000 多起，另有 3900 人获救。目前的预测显示，由于与 CAV 相关的技术，到 2030 年，各种类型的车祸最多可消除 5.6 万起。到 2030 年，每行驶 5mile 就有 1mile 可以实现自动化（图 5.6）。

当 V2X 应用程序（如交叉路口碰撞警告和道路危险警告）增加了自动化的安全效益时，这些数据有望进一步改善。

结论

SMMT 报告最后指出，未来十年，CAV 的部署将对英国的工业和经济产生巨大影响。英国有潜力在未来十年内成为 CAV 开发和部署的全球中心，并成为 CAV 相关投资最具吸引力的市场之一。然而，所有这些只有在政府的积极和持续支持下才能实现，特别是在基础　设施投资和监管支持方面。

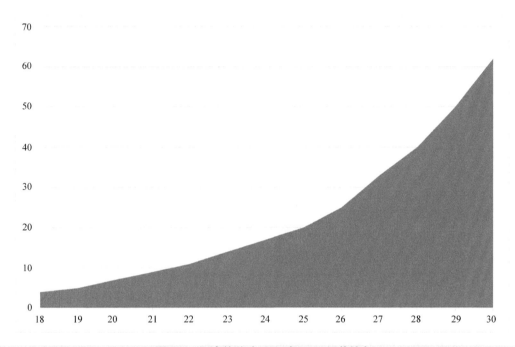

图 5.5　经济效益（2030 年 620 亿英镑）

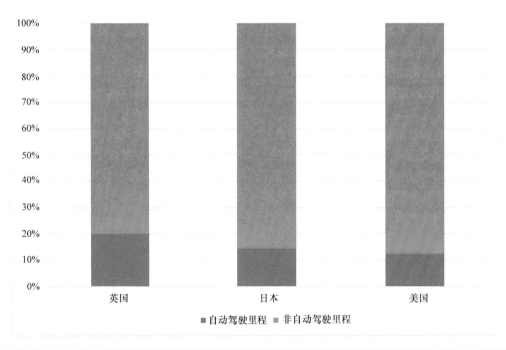

图 5.6　2030 年自动化行驶和非自动化行驶英里数

5.5.2　欧盟

在欧盟层面，对绿色交通的关注还包括对互联和自动化交通的讨论。在2018年5月17日欧盟委员会公布的第三个交通一揽子计划中，包括两项关键措施：

1）修订一般安全规例（GSR）及行人安全规例（PSR）的建议。

2）关于联网和自动移动（CCAM）的通信（非立法）。

从那时起，他们提出了一份自动车辆认证规则的豁免草案，并为今后CCAM提出了一份路线图。欧洲议会正在就欧盟委员会提案的非立法响应进行谈判。

正在进行的GSR/PSR修订包括一系列广泛的措施，其中最重要的措施包括（2级）主动安全措施，如：

1）车道保持辅助。

2）智能速度自适应。

3）驾驶员注意力分散/睡意监控。

4）自动紧急制动。

这一问题不太可能在2019年得到欧盟理事会和欧洲议会的同意，但可能在2021年出台一些措施。这些可能在不久的将来对公路运输产生重大影响。

欧盟委员会（EC）已经提出了关于通过一项特殊的法规对未涵盖的新技术合规性的评估程序，为自动车辆提供车辆认证豁免或型式认证的指南草案。欧盟委员会还就欧盟层面的路线图展开了公开磋商，内容涉及各成员国就使用5G频段测试联网汽车进行协调，以及针对特定行业的网络安全和数据治理措施。一些要点是：

> **关键事实**
>
> CAV给立法者带来了许多困难，但人们越来越认识到这项技术可以带来的优势，尤其是在车辆安全方面。

1）欧盟立法者正转向自主技术，作为帮助提高车辆和行人安全的长期解决方案。

2）欧盟预计到2030年完全具备自动驾驶能力。

3）新汽车的强制功能包括车道保持技术、驾驶员分心传感器、外部传感器。

4）智能车速辅助系统和一个"黑匣子"记录器，可用于帮助确定事故原因。

5）在一些国家，包括法国、德国、荷兰、挪威和英国，在公共道路上进行自动驾驶车辆测试是合法的。

欧洲汽车制造商协会（ACEA）发表了一份报告，支持欧盟对通用安全法规的拟议修订。它特别指出，主动安全技术，如摄像头和传感器，比被动措施能更有效地减少道路事故的数量和严重程度。

> **定义**
>
> **ACEA：欧洲汽车制造商协会**

交通研究实验室（TRL）和欧洲安全研究中心（CEESAR）对道路事故统计数据进行了分析，并就GSR修订中提出的安全措施的优缺点提供了指导。

例如，报告发现，检测行人和骑自行车者的系统在减少伤亡方面比重新设计货车以制造具有"直接视野"的低入口座舱更有效50%。报告还指出，在减轻事故后果方面，对货车进行倒车检测的好处将非常有限。将正面和侧面碰撞保护扩展到厢式货车和SUV也将受到限制，因为车辆已经具有高水平的乘员保护。

智能速度自适应（ISA）（图5.7）是指车辆在任何时候和所有路网上的速度都受到限制。张贴的限速标志会被车辆侦测到，但这不包括因雨或雾等原因造成的动态速度限制。系统状态必须设置为"开"。然而，驾驶员可以通过踩加速踏板来超越系统限制。

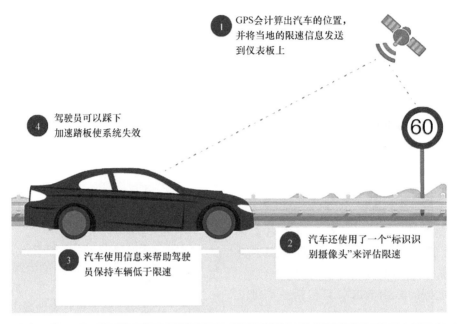

① GPS会计算出汽车的位置，并将当地的限速信息发送到仪表板上

④ 驾驶员可以踩下加速踏板使系统失效

③ 汽车使用信息来帮助驾驶员保持车辆低于限速

② 汽车还使用了一个"标识识别摄像头"来评估限速

图 5.7 智能速度自适应（来源：欧洲安全理事会）

> **定义**
>
> ISA：智能速度自适应

欧盟的法规和指南仍在制定中。无论是否是欧盟成员国，英国都可能受到这些影响。

5.5.3 美国

美国近期变化（2018/2019）的一些要点是：

1）在没有安全驾驶员在场的情况下，加利福尼亚州通过了无人驾驶汽车测试的州级批准法规。

2）美国交通部发布了自动驾驶试验计划指南。

3）为了加速自动驾驶车辆（AV）的部署，通用和福特成立了新的自动驾驶部门。

4）在 2020 年，特斯拉推出 2 级和 2 级 + 自动驾驶功能，并计划推出 3 级和 4 级自动驾驶功能。

5）从科技巨头谷歌分拆出来的 Waymo，在亚利桑那州开创了第一个 AV 商业模式。

5.5.4 日本和中国

亚洲近期变化（2018/2019）的一些关键点是：

1）日本考虑了与责任、驾驶执照和网络安全法有关的政策。

2）最近，中国在北京现有 33 条道路的基础上增加了 11 条用于 ADV 测试的道路。ADV 目前需要在指定的封闭测试场完成 5000km 的日常驾驶，然后才能申请公共道路测试许可证。

3）中国还允许奥迪、宝马和戴姆勒在北京和上海测试 AV。

注释

1. 菲利帕·鲁思·富特，FBA，1967 年

2. 来源：http://moralmachine.mit.edu

3. 来源：www.smmt.co.uk

4. 来源：www.smmt.co.uk/industry-topics/technology innovation/connected-autonomous-vehicles/

第6章

实例探究

6.1 简介

本章中的案例研究旨在概述正在使用或正在开发中的一些辅助驾驶、智能网联、无人与自动驾驶汽车技术。其中有些是已有几年历史的"老技术",这足以说明科技发展之快。有些材料是由制造商提供的,为了保持格式统一、排版清晰,对其进行了编辑。

6.2 英伟达

英伟达(Nvidia)[1]可能以计算机图形闻名,但同时他们也是自动驾驶车辆(ADV)市场的主要参与者。

> **关键事实**
>
> 英伟达是自动驾驶汽车市场的关键参与者。

传统的 ADAS 技术可以检测障碍物,并进行基本的分类,提醒驾驶员危险路况,在某些情况下还可以使车辆减速或停车。

这个级别的 ADAS 非常适合实现盲点监控、换道辅助和前方碰撞预警等功能。

NVIDIA DRIVE™ PX 2 AI 车载计算机将辅助驾驶提升到了一个新的水平(图6.1)。这个系统利用深度学习的优势,包括一套叫做 DriveWorks 的用于自动驾驶的软件开发套件(SDK)。该 SDK 为开发人员提供了用于构建目标检测、地图定位、路径规划等计算密集型算法的强大基础。

借助英伟达自动驾驶汽车解决方案,汽车的 ADAS 系统可以清晰地辨别出租车与警车、货车与救护车;或即将驶入的汽车与一辆停放的汽车。它甚至可以扩展这种功能,来识别骑自行车的人与路人(图6.2)。

NVIDIA DRIVE™ PX 2 是开放式 AI 汽车计算平台,使汽车制造商及其一级供应商能够加快自动驾驶技术的开发与自动驾驶汽车的生产(图6.3)。

它的规模从小到手掌大小具有自动巡航功能的节能模块,到具有全自动驾驶能力功能强大的 AI 超级计算机。用于自动巡航功能的 NVIDIA DRIVE PX 2 的新单处理器配置(包括高速公路自动驾驶和 HD 映射)仅消耗 10 W 的功率。它还使车辆能够使用深度神经网络来处理来自多个摄像头和传感器的数据。

图 6.1　英伟达用于自动巡航的 NVIDIA DRIVE PX2
（来源：英伟达）

图 6.2　行人检测（来源：英伟达）

图 6.3　自动驾驶展示（来源：英伟达）

图 6.4　英伟达的 DGX SuperPOD（来自：英伟达）

NVIDIA DRIVE PX 2 可以实时检测车辆周围的情况，在高清地图上精确定位车辆的位置，并规划一条安全的前进路线。可以说，它是世界上最先进的自动驾驶汽车平台，结合了深度学习、传感器融合和环绕视觉来改变驾驶体验。

它拥有可扩展的架构，使得多种配置是可用的。从一个 10W 的被动冷却移动处理器到具有两个移动处理器的多芯片配置。两个独立的 GPU 每秒可提供 24 万亿次深度学习操作。可以并行使用多个 NVIDIA DRIVE PX 2 平台，以实现全自动驾驶。

通过统一的架构，深层神经网络可以在系统上的数据中心训练，然后部署在车上。英伟达的汽车超级计算机被称为 NVIDIA DRIVE PX，它由带有两个 GPU 的液冷 Tegra X1 处理器提供动力，英伟达称其强大至等同于 150 台 MacBook Pro。英伟达的目的是提供人工智能和态势感知平台，让汽车自己规避周围的危险。NVIDIA DRIVE PX 2 平台支持英伟达 DriveWorks，这是一套用于开发和测试自动驾驶车辆的软件工具库。汽车需要准确知道所在位置，不断识别周围的物体并计算最佳道路以获得安全的驾驶体验。NVIDIA DriveWorks 软件开发工具包（SDK）为开发人员提供了使用该工具构建应用程序的基础可用于目标检测、地图定位和路径规划的计算密集型算法。

第一家使用 NVIDIA DRIVE PX2 的汽车制造商沃尔沃在哥德堡附近测试了 100 辆装有该系统的沃尔沃 XC90，这可能是世界上首次对自动驾驶汽车进行公开测试。

2019 年 6 月，英伟达发布了他们研发自动驾驶汽车的超级计算机[2]。它是目前世界上第 22 快的超级计算机，一个 DGX Super-POD（图 6.4），提供了 AI 基础，满足了自动驾驶汽车部署计划的大量需求。在自动驾驶汽车上 AI 训练是终极挑战（详见第 4.10 节）。一辆配备数据采集的汽车每小时会产生 1TB 的数据。再乘以整个车队的，很快就会得到 PB 级的数据。这些数据在交规的基础上被用作算法训练，并找出在深层神经网络中的潜在问题，然后对其进行连续的循环再训练。

> **定义**
> TB：TB 是对计算机存储容量的一种度量。大概是 2 的 40 次方，或者 10 的 12 次方，大约 1 万亿 Byte。1TB 更精确的定义为 1024GB，而 1PB 则由 1024TB 组成。

新的英伟达系统正在全天候工作，优化自动驾驶软件，并以比以前更快的周转时间对神经网络进行训练。例如，在 2015 年需要 25 天在当时最先进的系统上完成的训练，DGX SuperPOD 的硬件和软件平台只需不到 2min 就可以完成。

6.3 博世

高性能的驾驶辅助系统[3]已经可以帮助驾驶员安全舒适地到达目的地。这种系统控制车速和车辆之间的距离。它们还提醒驾驶员注意交通堵塞，并帮助他们驶入最拥挤的停车位。全球汽车技术和服务供应商博世（Bosch）将于未来几年在驾驶辅助系统扩大业务范围。将来，这些系统会在交通堵塞中发挥越来越大的作用。更具体地说，它们将完全自动化地制动、加速和行驶。当车辆以 0 ~ 50km/h 的速度行驶时，交通拥堵辅助会介入。这意味着它将在大多数起停的交通情况下工作。根据德国汽车俱乐部（ADAC）统计，在 2011 年，仅德国的拥堵总长就达 405000km。

第一代交通拥堵辅助系统（图 6.5）于 2014 年进入量产阶段。在接下来的几年里，这一功能得到了增强，以覆盖更快的车速和更复杂的驾驶情况。最终，交通拥堵辅助系统将成为高速公路上的驾驶员，让全自动驾驶成为现实。

> **关键事实**
> 第一代交通拥堵辅助系统在 2014 年进入批量生产阶段。

现在，自适应巡航控制系统已经能够跟踪前方车辆，并相应地调整与前车的距离和本车车速。与 ESP 系统结合，再加上车道检测摄像头和电控转向系统的支持，这就构成了自动驾驶的技术基础（图 6.6）。高性能软件计算适当的驾驶指令，以实现一个更安全的驾驶与更少的驾驶压力。自动换道系统是下一个步骤。它需要两个额外的特性。首先，后置雷达传感器能探测快速接近的车辆。第二，动态导航地图。这类地图通过移动网络连接运行。可以随时告知驾驶员当前的道路的施工地点和速度限制。尽管驾驶员仍然要对自己的驾驶负责，但他们可以通过驾驶辅助系统减轻自己的负担。

图 6.5 交通拥堵辅助驾驶（来源：博世）

图 6.6 博世公司自 2010 年以来一直致力于自动驾驶研究（来源：博世）

对于 ESP 和电动转向系统，博世提供所有传感器，以检测驾驶员和他们的车辆所处的交通环境。根据特定车辆的车载功能高低，前端检测由雷达传感器和单目摄像头或立体摄像头构成。与 LRR3 配合，博世还提供高性能远程雷达传感器。该传感器的张角可达 30°，可以探测 250m 范围内的物体。于 2013 年进入量产的新式雷达传感器，提供 160m 的范围和 45° 的张角。

它的成本要低得多，因为它是为满足大众市场的需求而设计的。除了目前可用的多用途摄像头，博世还开发出立体摄像头，在两个传感器的帮助下探测三维物体。因此，它能够准确地计算出物体与车辆间的距离，以及物体移动的方向。两种传感器配置都能充分预测紧急制动。两个改装的中程雷达传感器承担了观测车辆后方车辆的任务。这些传感器的张角为 150°，可以探测到 100m 以外的物体。最后，泊车辅助的超声波雷达在近距离转向操作时提供帮助。

车辆的自动化水平不断提高，这是因为在关键的情况下它们可能会挽救生命。驾驶员也可以使用博世交通拥堵辅助系统，以最小的压力安全到达目的地。当车速达到 60km/h 时，辅助制动系统会在交通拥挤时自动制动、加速并进行车道保持。辅助系统是自动驾驶的基石，它将在一个渐进的过程中建立起来。博世已经将目光投向了高度自动化的驾驶技术，在这种技术中，驾驶员不再需要持续监控车辆。随着博世高速公路辅助系统的试运行，汽车将在 2020 年在高速公路上从入口到出口实现全自动行驶。在接下来的十年里，完全自动化的车辆将会出现，它们能够处理任何出现的紧急情况。

自动驾驶影响汽车的各个方面，如动力系统、制动和转向，需要综合系统的专业知识。它基于雷达、视觉和超声波技术。强大的软件和计算机处理收集到的信息，确保自动车辆行驶，既安全又省油。随着车辆逐渐承担越来越多的驾驶任务，制动和转向等安全关键系统必须满足特殊要求。如果其中一个组件出现故障，则需要进行回退以确保可用性。博世在制动方面已经有了这样的后援：iBooster，一种机电制动助力器。iBooster 和 ESP 制动控制系统都是为汽车制动而设计的。相互独立，不需要驾驶员干预。

博世 iBooster 满足了自动驾驶的基本要求。制动助力器可以独立地增加制动压力，比 ESP 系统快三倍。如果预制动系统识别到危险情况，车辆会停止得更快，iBooster 还可以提供自适应巡航控制（ACC）所需的柔和制动，一直到完全停止，它都是悄无声息的。

6.4 谷歌（Waymo）

谷歌自动驾驶汽车，通常简称为 SDC，是谷歌 X 的一个项目，涉及开发自动电动汽车的技术。2014 年 5 月，谷歌为他们的无人驾驶汽车[4]提出了一个新概念，既没有转向盘，也没有踏板。同年 12 月，谷歌发布了一个功能齐全的原型车（图 6.7），他们计划于 2015 年在旧金山湾区的道路上进行测试。谷歌计划在 2020 年向公众提供这些自动驾驶汽车。谷歌的自动驾驶汽车包括价值 15 万美元的设备，其中包括价值 7 万美元的激光雷达系统。这是安装在顶部的传感器，使用 64 线激光雷达。这种激光雷达可为车辆生成详细的三维地图环境。然后，汽车将这些生成的地图与高精度地图结合起来。生成不同类型的数据模型，使其能够自动驾驶。

大雨或大雪给所有自动驾驶车辆带来安全隐患，除此之外，这些汽车主要依赖于预先编程的路线数据，因此不遵守临时交通信号灯，在某些情况下，在复杂的十字路口会恢复到较慢的"特别谨慎"模式。

车辆很难辨识出垃圾和轻型碎片等对车辆无害的物体，这可能导致汽车进行不必要的转

向。此外，激光雷达技术很难发现一些坑洞，也不能处理一些特殊情况，比如警察发出停车信号。所有自动驾驶汽车的开发者都面临着这些问题——谷歌的目标就是在 2020 年以前解决这些问题。2015 年 6 月，谷歌宣布，他们的车辆已经行驶了超过 100 万 mile，在这个过程中，他们遇到了 20 万个停车标志、60 万个交通灯和 1.8 亿辆其他车辆。

图 6.7　谷歌自动驾驶汽车（来源：谷歌 Waymo）

6.5　特斯拉 Autopilot 系统

特斯拉 Autopilot 系统[5]是一套越来越强大的安全和便利综合系统，使驾驶更安全、更愉快。自 2014 年 9 月以来，自动驾驶仪的硬件已经成为所有特斯拉汽车的标准配置。自从自动驾驶的功能首次在 2015 年 10 月通过无线软件更新以来，特斯拉一直在不断完善和增强 Autopilot 系统。数据显示，如果使用得当，有 Autopilot 系统支持的驾驶员比没有辅助的驾驶员驾驶得更安全。最终，完全自动驾驶将使特斯拉比人类驾驶员更安全。

> **关键事实**
>
> 自 2014 年 9 月以来，Autopilot 硬件已经成为所有特斯拉汽车的标准配置。

从目前的形式来看，Autopilot 是一个先进驾驶员辅助系统（ADAS），分类为二级自动系统。它让驾驶员在驾驶时更有信心，增强行车安全性，并通过减少驾驶员的工作负担，使高速公路驾驶更愉快。Autopilot 的安全和方便的能力是通过增加驾驶员的感知，改善他们的决策和协助他们控制车辆来实现的。它的

用户界面经过精心设计，以指导正确使用，并通过仪表板上的详细视觉显示和清晰的声音提示，让驾驶员直观地了解其运动信息。随着自动驾驶技术的不断发展，特斯拉车主在接近完全自动驾驶的情况下，将会获得更多先进的功能；然而，在真正的无人驾驶汽车被研发出来并得到监管机构的批准之前，驾驶员必须对自己的汽车负责，而且必须一直控制汽车。Model S 和 Model X 的车主喜欢自动驾驶、自动变道、自动停车和召唤等功能，特斯拉也在不断创新，通过无线软件更新保持技术领先。

图 6.8　特斯拉 Model 3（来源：特斯拉）

> **关键事实**
> 驾驶员在任何时候都要对自己的车辆负责，并保持对车辆的控制。

2016 年 10 月，特斯拉宣布，所有在生产的车辆，以及即将问世的 Model 3（图 6.8），都将配备更新的硬件套件，为每辆特斯拉配备完全自动驾驶能力所需的硬件，其安全水平大大超过人类驾驶员。8 个环绕摄像头可以在 250m 范围内提供 360° 的视野（图 6.9）。12 个超声波传感器补充了视觉检测范围，允许在几乎两倍于先前系统的距离检测硬物体和软物体。具有增强处理功能的前向雷达通过额外的波长提供了更丰富的信息，可以透过大雨、雾、灰尘，甚至前方汽车。为了处理以上所有信息，新一代车载处理器的计算能力超过了前一代 40 倍，为新特斯拉用于视觉、声波和雷达处理软件的神经网络提供动力。总的来说，这个系统提供了一个全局的视角，通过采用远远超出了人类的感知范围的波长，来感知驾驶员无法同时看到的所有方向。

> **关键事实**
> 8 个环绕摄像头在 250m 的范围内提供 360° 的视角。

随着无线更新技术的不断推出，配备这种硬件的车辆将继续具备更好的安全性和便利性。这些更新将通过以下两个方式大大提高驾驶体验。

1. 增强版 Autopilot 使特斯拉能够根据交通条件选择适合的车速，保持在车道内，不需要驾驶员介入自动变换车道，从一个高速公路转换到另一个高速公路，当你的目的地在附近时退出高速公路，接近停车位时自动停车，并自动进出你的车库。增强版 Autopilot 仍应被视为驾驶辅助功能，因为驾驶员有责任在任何时候保持对车辆的控制。

2. 在得到监管部门批准的情况下，自动驾驶将载你从家里到公司，并自动找到一个停车位。

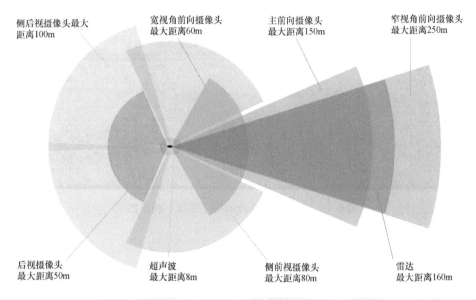

图 6.9　特斯拉 Autopilot 传感器覆盖图（来源：特斯拉）

在激活新硬件启用的功能之前，特斯拉将进一步校准新的传感器套件，通过数百万英里的真实驾驶，以确保安全性和性能的显著改善。因此，新的硬件将会暂时缺少一代 Autopilot 现有的某些功能，包括一些标准的安全功能，如自动紧急制动、碰撞警告和自动驾驶功能，例如车道保持和自适应巡航。

随着这些功能的不断完善，特斯拉将使它们能够无线传输，同时还将迅速增加一系列全新的功能。一如既往，他们的无线软件更新将保持客户车辆技术处于前沿，并继续使每一辆特斯拉，包括那些配备了第一代 Autopilot 的早期汽车，随着时间的推移更有能力。2014年9月至2016年10月期间生产的 Autopilot 结合了摄像头和增强处理雷达、12个超声波传感器和导航数据，可以在车道内安全驾驶，根据提示变换车道，并根据交通情况调整速度。Autopilot 功能（图 6.10）于 2015 年 10 月通过免费的更新首次引入，并在几项独立研究中被看作是目前可用的最先进的二级驾驶辅助功能。

标准的自动驾驶功能包括：

◆ 自动驾驶和交通感知巡航控制。自动驾驶帮助驾驶员在道路上的进行车道保持。它依赖于交通感知巡航控制，以保持汽车的速度与交通状况相协调。

◆ 自动换道。驾驶员可以在安全的情况下，通过转向信号，使汽车并入左侧或右侧相邻车道。

◆ 自动泊车。当特斯拉在城市街道上低速行驶时，检测到停车位时，仪表板上会出现一个 P 的标志。自动泊车助手将与倒车影像一起出现在触摸屏上，一旦激活，自动泊车将通过控制车速、换档和转向控制车辆进入车位。

◆ 召唤。有了召唤功能，车主可以从车外　　使用应用程序或车钥匙让 Model S 进出停车场。

图 6.10　工作中的 Autopilot（来源：特斯拉）

6.6　奥迪

借助奥迪 AL 交通拥堵自动驾驶系统（图 6.11），奥迪提出了世界上第一个 SAE 标志 3 级的自动驾驶系统。该车可以在交通堵塞或车速不超过 60km/h（37 mile/h）时接管驾驶任务。

> **关键事实**
>
> 在使用交通拥堵自动驾驶系统时，驾驶员必须保持警惕，并在系统提示时能够接管驾驶任务。

图 6.11　交通拥堵自动驾驶系统开启（来源：奥迪）

驾驶员用控制按键（图6.12）激活自动驾驶系统。在高速公路和多车道高速公路上，如果车辆的行驶速度不超过60km/h（37.3mile/h），系统就会接管车辆的驾驶任务。自动驾驶系统可处理停车、加速、转向和制动的问题。它还可以处理一些高级工况，比如前面有车辆插入。条件化的自动驾驶系统所需的控制信号来自中央驾驶辅助控制器（zFAS）和雷达控制单元的冗余数据融合。如果启动了自动驾驶系统，驾驶员可以把脚从加速踏板上拿开，把手从转向盘上拿开。但驾驶员必须保持警惕，并能在系统提示时接管驾驶任务。他们不再需要持续监控车辆，可以根据各自国家的法律状况，进行车载信息娱乐系统支持的其他活动。

奥迪虚拟座舱以后方视角和道路上的标志，展示出运动全景，以此来展示A8的运动

与周围环境。当自动驾驶系统被激活时，摄像头会检查驾驶员是否准备好在需要时继续驾驶。它主要通过分析驾驶员头部位置和眼睛与运动。

例如，如果驾驶员长时间闭着眼睛，系统会提示驾驶员继续驾驶任务。接管的提示分多个阶段给出。如果车速超过60km/h或无其他车辆，交通拥堵自动驾驶系统会通知驾驶员需要恢复驾驶。如果驾驶员忽略这个提示和随后的警告，A8就会自动制动，直到它完全停在车道上。

> **关键事实**
> 当交通拥堵自动驾驶系统被激活时，摄像头会检查驾驶员是否准备好在需要时继续驾驶。

图6.12 控制按键（来源：奥迪）

奥迪AL交通拥堵自动驾驶需要明确每个国家的法律和具体适应化及系统测试。此外，必须遵守不同的世界范围的认证及其截止日期。由于这些原因，奥迪将根据各自国家的法律情况，逐步启动新A8交通拥堵自动驾驶的

系列化生产。

奥迪AL自动驾驶必须满足以下特定环境条件：

1.A8位于高速公路或多车道公路上，迎面而来的车道与沿边缘的护栏结构之间有一道

屏障。

2.在所有邻近的车道上，以缓慢的车流为主。

3.车辆本身的速度不得超过60km/h。

4.在车辆传感器的相关可视范围内，不得出现交通灯或行人。

如果满足了这些条件，驾驶员就会看到系统可用的视觉提示（图6.13），中央控制台上的奥迪AL按键就会亮起。接下来，一条文本信息会出现在奥迪虚拟驾驶舱内，在它的左右边缘有一条跳动的白色光带。数字仪表组中的AL图标也显示为白色。

一旦驾驶员按下AL按键激活了自动驾驶系统，它就会变为绿色（图6.14）。奥迪虚拟座舱显示了后方视角和道路上的标识。车辆自身的速度以数字形式出现，并在数字仪表组的底部边缘形成带状。绿色的边缘照明和绿色的AI图标代表该功能，而激活时，奥迪AL自动驾驶系统使新A8保持在当前车道。系统可管理停止、加速、转向和制动，因此驾驶员可以得到放松。在这种情况下，驾驶员可以在较长时间内将脚从加速踏板上移开，将手从转向盘上移开，并在符合国家相关规定的情况下，进行车载信息娱乐系统支持的其他活动。

例如，在德国，驾驶员可以选择在中央控制台的10.1in显示屏上观看电视节目和DVD，还可以使用奥迪的连接服务。他们可以把注意力从办公室和汽车的转向盘上转移开来，去做一些事情，比如回复电子邮件、写短信、安排日程、看新闻或计划度假。

由于其广泛的传感器设置，自动驾驶系统甚至可处理危机工况，如车辆在前面切入。当系统检测到前方有障碍物时，如果车道内有足够的空间，A8就会避开障碍物，否则就会制动使汽车停止。

> **关键事实**
>
> 由于其广泛的传感器设置，自动驾驶系统甚至可处理一些紧急工况，如车辆在前面切入。

自动驾驶系统的驾驶风格是一致的、合作的（图6.15）。在系统的开发中，安全和舒适得到了特别的关注。在众多试验对象的试验中，结果都是一样的：使用"交通拥堵自动驾驶系统"的人很快就会喜欢上它。在堵车情况下，驾驶没有多少乐趣，它让驾驶员放松并享受乘坐的乐趣。

频繁变换车道没有任何价值。事实上，该系统甚至不是为此而设计的：一旦驾驶员设置了转弯信号，交通拥堵自动驾驶系统就会做出反应，提示驾驶员接管。车载监视器关闭图片，信息娱乐系统降低音量，驾驶员通过握转向盘来表示接管驾驶任务，可通过传感器检测。例如转向力矩传感器、加速踏板和制动踏板也可同样接收驾驶员的接管操控。

图6.13 交通拥堵自动驾驶系统：可用（来源：奥迪）

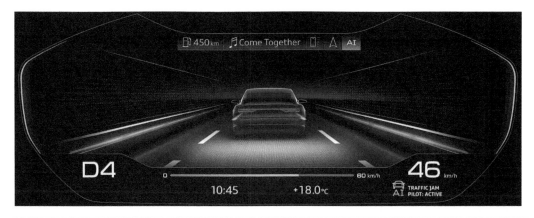

图 6.14 交通拥堵自动驾驶系统已激活（来源：奥迪）

A8 配备了驾驶员准备状态检测系统。当交通拥堵自动驾驶系统被激活时，它会检查驾驶员是否准备好重新驾驶。系统使用安装在顶部的摄像头面板。它分析各种各样的数据，包括驾驶员头部的位置和运动以及眼动。如果驾驶员长时间闭眼，系统提示驾驶员准备继续驾驶。通过车载设备无法进行的活动，如阅读报纸，一般是不允许的。在这种情况下，驾驶员头部的摄像头会被遮挡，系统会提示驾驶员接管。图像分析软件生成的技术指标均为匿名，不允许对驾驶员面部进行重构，无法匹配任何个人。数据在车辆中进行本地处理。摄像头的图像不会被保存，也没有自动传输数据给奥迪或其他第三方。

当自动驾驶系统提示驾驶员接管驾驶任务时，驾驶员有大约 10s 的响应时间，这将视情况而定。第一阶段，奥迪虚拟座舱边缘的红灯跳动，数字仪表中的 AL 图标和 Audi AL 按键上的 LED 也会亮起，并将发出一个轻微的警告信号。如果驱动程序忽略了第一个提示符，接下来是阶段 2——"急性"警告。警告信号变得更加清晰，音量降低，在奥迪虚拟驾驶舱内出现文字"交通拥堵自动驾驶系统：结束，请恢复对车辆的控制！"。与此同时，A8 减速，先是缓慢地减速，然后颠簸了一下，驾驶员会感觉安全带稍微收紧三次。如果驾驶员仍未接管，出于安全考虑，最后阶段的紧急干预启动。警报信号变得尖锐，安全带完全收紧。

A8 在它的车道停车，同时打开危险灯。一旦车完全停了下来，系统就会启动驻车，将变速器调到 P 位，打开车门，打开车内灯，如果检测不到驾驶员的响应，会通过移动网络发送紧急求救。这种类型的紧急停车在缓慢的交通中是有意义的，因为它阻止 A8 失控。在奥迪的试验中，大多数驾驶员在第一阶段就做出了反应提示接管。在驾驶员用奥迪 AL 按键将其关闭之前，自动驾驶系统一直处于待命状态。如果条件适合再次使用它，系统在奥迪虚拟座舱展示当前是否可用。然后，驾驶员只需将双手从转向盘上拿开，就可以启动自动驾驶。

当交通拥堵自动驾驶系统被激活时，奥迪 A8 的速度被限制在 60km/h。如果交通开始畅通，前面的车辆加速，系统在几秒钟后仍保持活动状态并提示接管，直到驾驶员恢复驾驶。

2013 年，奥迪成为全球第一家获得美国加利福尼亚州和内华达州测试牌照的汽车制造商。2015 年 1 月，奥迪 A7 概念研究车（图 6.16）在从旧金山到拉斯维加斯的高速公路上行驶了 900km（559.2mile）。2015 年 5 月，一辆自动驾驶的奥迪 A7 在中国上海的密集城市交通中行驶，这是一个非常复杂的工况。

关键事实

新 A8 是世界上第一辆根据适用的国际标准专门为 3 级自动驾驶开发的汽车。

交通拥堵自动驾驶可处理停车、加速、转向和制动的问题。驾驶员不再需要持续监控汽车。当满足一定的条件后，他们可以长时间放开转向盘，根据各自国家的法律情况，专注于车载信息娱乐系统支持的其他活动。一旦系统达到极限，汽车就需要驾驶员再次控制。

从技术角度看，交通拥堵自动驾驶系统是革命性的。在驾驶过程中，中央驾驶辅助控制器（zFAS）通过合并传感器数据不断地生成周围环境的图像。除了雷达传感器、前置摄像头和超声波传感器外，奥迪还是第一家使用激光雷达的汽车制造商。

图 6.15　交通标志识别（来源：奥迪）

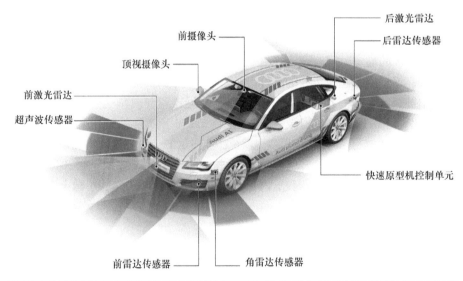

图 6.16　奥迪 A7 自动驾驶概念车（来源：奥迪）

6.7 捷豹路虎

驾驶员将能够获得加密货币，并在行驶中使用捷豹路虎正在测试的创新联网汽车（图6.17）服务获得报酬。

> **定义**
>
> 加密货币：加密货币是一种数字资产，其设计目的是作为一种交换媒介，使用强大的加密技术来确保金融交易、控制额外单元的创建和验证资产的转移。

通过使用"智能钱包"技术，车主可以自动向导航提供商或地方政府报告有用的路况数据，比如交通拥堵或路面坑洼，从而获得积分。驾驶员可以用这些积分兑换咖啡等奖励，或者方便地用积分自动支付通行费、停车费和智能充电费。智能钱包不再需要驾驶员找零钱或注册多个账户来支付各种各样的日常服务。智能钱包使用了最新的加密货币技术，捷豹路虎（Jaguar Land Rover）已与IOTA基金会[6]（IOTA Foundation）合作，利用分布式账本技术进行支付和收款。与其他类似的系统不同，由于它的结构，它不需要手续费来运转，随着时间的推移，整个网络的交易将更快，预计包括到2025年，联网设备将达到750亿台。驾驶员们还可以使用传统的支付方式为智能钱包充值。

> **定义**
>
> 分布式账本：对分布在多个地点、国家或机构的复制、共享和同步数字数据的整合。

这项先进的联网技术正在位于爱尔兰香农市的捷豹路虎软件工程基地进行试验，工程师们已经为包括捷豹F-PACE和路虎揽胜Velar在内的多辆汽车配备了"智能钱包"功能。

图6.17　JLR网联车辆（来源：捷豹路虎）

领先的技术研究是捷豹路虎目标零战略的一部分，以实现零排放、零事故、零拥堵。为达到这个目标，目前正在发展共享经济，在未来的智能城市中，汽车作为数据收集者将扮演着不可或缺的角色。例如，联网的"智能钱包"服务将通过分享实时交通状况，为驾驶员提供替代路线，减少因交通堵塞而排放的尾气，从而减少拥堵。

香农研发中心的专家们正在开发新技术，以支持未来捷豹路虎的电气化和自动驾驶功能。在爱尔兰发展署的支持下，香农团队还在开发下一代电子架构，并为未来的车辆探索更先进的驾驶辅助系统功能。

6.8 丰田卫士

丰田研究所（TRI）生动地再现了美国加利福尼亚州州际公路上发生的三车相撞事故，这场事故中无人受伤。一辆丰田测试车观测到了这起事故。他们的测试车在高速公路上以手动模式行驶，在旧金山湾区的许多隧道和桥梁收集数据时，此时自动模式处在被禁用状态。从事故中下载数据后，工程师们提出了一个关键问题：未来的丰田卫士（Toyota Guardian）自动安全系统是否能够减轻或完全避免这次事故？（图6.18）

图6.18 视野盲区车辆驶入（来源：丰田）

自2016年以来，TRI一直致力于自动驾驶的双轨开发方法。目前的研究集中在拥有完全自动驾驶功能上，人类驾驶员不参与驾驶过程或在一个受限制的操作范围（ODD）内。

另一方面，丰田卫士正在开发增强人类控制的车辆，而不是取代人类。对于丰田卫士来说，除了在预期或识别事件并根据驾驶员输入进行纠正响应的情况外，驾驶员在任何时候都应该控制车辆。

> **关键事实**
>
> 丰田卫士（Toyota Guardian）以增强人类对汽车的控制为目的，而不是取代。

TRI今年最重要的突破之一是创建了混合封闭控制，这可使得丰田卫士结合驾驶员与车辆的优势。该系统的灵感和信息来自现代战斗机的飞行方式，飞行员操纵驾驶杆，但实际上他们不直接控制飞机。相反，他们的意图被底层飞行控制系统翻译了数千次。第二步是将飞机稳定在一个特定的安全范围内。在汽车中创建这种混合的包络控制比在一架战斗机中创建要困难得多。这是因为汽车的控制范围不仅由车辆动力学决定，还由车辆在其直接环境中对所有事物的感知和预测能力决定。

控制包络不是人与自主系统之间的离散开关。它几乎无缝地融合了两者，像队友一样工作，从每个人那里获得最佳的输入。

丰田卫士被开发为一个自动化的安全系统，能够由人类驾驶，或由丰田提供的自动驾驶系统操作。TRI强调不要低估开发自动驾驶系统的难度，无论从技术层面还是社会层面，问题是我们如何训练一部机器在不断变化的环境中导航，就像人类驾驶员一样，甚至比人类驾驶员更好。从社会学的角度来看，公众想要接受完全自动驾驶的驾驶系统所带来的不可避免的碰撞、伤害和死亡可能需要相当长的时间。

> **关键事实**
>
> 从社会学的角度来看，公众接受完全自动驾驶系统所带来的不可避免的碰撞、伤害和死亡可能需要相当长的时间。

与此同时，TRI表示，他们有道德义务使用汽车技术，尽可能快地挽救更多的生命。这就是为什么TRI去年的主要重点是集中大部分的资金使"丰田卫士"成为一款更智能的机器，为了让"丰田卫士"学习并变得更智能，它必须经受艰难和苛刻的驾驶场景，即"危机情况"，这些情况在公共道路上实施具有很强的危险性。在闭环训练中，丰田卫士的智能化和能力可以得到拓展和挑战。通过不断的改进，丰田卫士可学会如何最好地导航和应对极端危险的情况。这种不断增强的防护能力可能避免加利福尼亚州发生的三车相撞事故。这是一起发生在高速公路的意外事故：在丰田卫士的传感器和摄像头前，发生了一起危险的车祸。根据这些数据，TRI开发了一个精确的仿真系统，并将其转化为一个学习工具，让汽车在瞬间确定决策。然后，使用真实的车辆和假的车，在测试道路中重新创建场景。在这种情况下，丰田卫士的最佳选择是迅速加速远离切入车辆（图6.19～图6.21）。在这种情况下，丰田卫士可能会为自己避免或减轻碰撞，这同时也降低了附近的其他车辆受损的可能。

图 6.19　丰田卫士的规避行为

图 6.20　潜在的危险工况（来源：丰田）

图 6.21　在一系列场景下进行测试（来源：丰田）

6.9　菲力尔

菲力尔（FLIR）[7]生产的是目前唯一一款汽车上使用的自动平衡热成像相机。超过500000辆汽车配备了可靠的夜视装置，可检测行人和动物。FLIR 热成像相机补充了 ADAS 和 AV 传感器套件。它们提供了在黑暗中对物体进行可靠分类的能力，可穿过遮蔽物，包括烟雾、刺眼的阳光和大多数昼夜的雾。由于它们检测到热量，因此它们独特的对人和动物进行识别的能力优于其他 ADAS 和 AV 传感技术。在传感器系统中添加热感像机，可增加环境感知能力以及可靠性与安全性（图 6.22 ~ 图 6.25）。

图 6.22 热成像相机可以观测的距离是远光灯照射距离的 4 倍（来源：菲力尔）

图 6.23 在恶劣光照条件下工作（来源：菲力尔）

图 6.24 在混乱环境中对行人与动物进行可靠识别（来源：菲力尔）

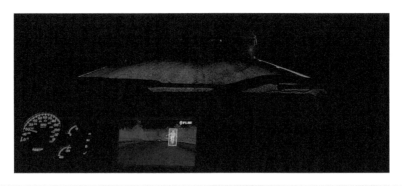

图 6.25　比远光灯望得更远（来源：菲力尔）

关键事实

FLIR 热成像相机补充了 ADAS 和 AV 的传感系统。

PathFindIR Ⅱ（图 6.26）是一个强大的热夜视系统，它可以帮助在完全黑暗中看到道路上的危险，它将提醒驾驶员注意附近的车辆、人和动物。前照灯通常照亮前方约 400m，但 PathFindIR 不需要光就能探测到热量。让汽车可以看到之前四倍的距离。它具有可穿透灰尘、烟或雾的本领，和更好的避免事故的能力。

6.10　First Sensor AG

First Sensor AG 是世界领先的传感器领域的供应商之一。公司开发标准化与定制传感器解决方案，应用于工业、医疗和交通等增长性市场。他们生产一系列传感器，但这里主要介绍摄像头和 ADAS 系统（图 6.27）。

ADAS 系统主要包括：

1. 嵌入式 ECU 作为传感器融合平台。

2. 内部软件开发和测试。

3. 商用、特殊车辆和移动机器适用的全系功能。

4. 集成激光雷达、毫米波雷达、摄像头、超声波传感器。

图 6.26　PathFindIR 相机

图 6.27　摄像头（来源：First　Sensor AG）

最新摄像头的规格如下（图 6.29）：

1. 提高了产品的鲁棒性和耐久性。

2. 通过了汽车温度、电磁振动等性能测试。

3. 通过 IATF 16949 认证。

4. 高分辨率和灵敏度（低照度可达 0.05 lux）。

5. 高动态范围（HDR）高达 132dB。

6. 精密镜头 / 图像传感校准准过程。

7. 图像各个部分均有良好的图像质量。

8. 高分辨率摄像头与小于 2W 的电力需求。

9. 多 视 角（FOV：55°/100°/190°）（图 6.28）。

10. 多种接口（如 APIX、LVDS、以太网……）。

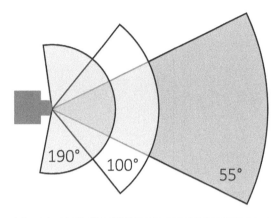

图 6.28 摄像头视场

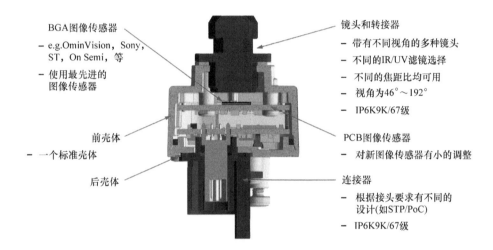

BGA图像传感器
- e.g.OminVision，Sony，ST，On Semi，等
- 使用最先进的图像传感器

前壳体
- 一个标准壳体

后壳体

镜头和转接器
- 带有不同视角的多种镜头
- 不同的IR/UV滤镜选择
- 不同的焦距比均可用
- 视角为46°～192°
- IP6K9K/67级

PCB图像传感器
- 对新图像传感器有小的调整

连接器
- 根据接头要求有不同的设计(如STP/PoC)
- IP6K9K/67级

图 6.29 摄像头明细（来源：First Sensor AG）

注释

1. 更多信息请访问 www.nvidia.com/en-us/self-driving-cars/drive-platform/

2. 来源：https://blogs.nvidia.com/blog/2019/06/17/dgx-superpod-top500-autonomous-vehicles/

3. 来源：www.bosch-presse.de/presseforum/detail/en-US&txtID=6071

4. 来源：www.google.com/selfdrivingcar

5. 来源：Source：www.tesla.com

6. 来源：www.iota.org/get-started/what-isiota

7. 来源：www.flir.co.uk/oem/adas/